MANCHESTER UNITED F.C.

- THE 25 YEAR RECORD

1970-71 to 1994-95 Seasons

SEASON BY SEASON WRITE-UPS
David Powter

EDITOR
Michael Robinson

CONTENTS

Season-by-season Write-Ups - 1970/71 to 1994/95 3-12

Cup Competition Results - 1970/71 to 1994/95 13-17

Line-ups & Results - 1970/71 to 1994/95 18-67

Final League Tables 68-72

British Library Cataloguing in Publication Data
A catalogue record for this book is available from the British Library
ISBN 0-947808-55-8

Copyright © 1995; SOCCER BOOK PUBLISHING LTD. (01472-696226)
72, St. Peters' Avenue, Cleethorpes, Sth. Humberside, DN35 8HU, England

All rights are reserved. No part of this publication may be reproduced, stored into a retrieval system or transmitted, in any form or by any means, electronic, mechanical, photocopying, recording, or otherwise, without the prior written permission of Soccer Book Publishing Ltd.

Printed by Redwood Books, Kennet House, Kennet Way, Trowbridge, Wilts.

MANCHESTER UNITED F.C.
Seasons 1970-71 to 1994-95

Manchester United fans were disappointed at the end of 1994-95, after their side had finished empty handed - runners-up in both the Premiership and the FA Cup. However, 25 seasons earlier, they were struggling and in transition. In between the club experienced a brief spell in the second-flight and, recently, enjoyed much glory under Alex Ferguson.

United were struggling under Wilf McGuinness, in 1970-71, following the successful Busby era. McGuinness had been Sir Matt's choice as his successor, but was finding it hard to come to grips with a difficult job. His side made a poor start, winning only 5 of their first 23 League games. However, they equalled their best run in the League Cup when they met Third Division Aston Villa in the semi-final. After being held 1-1 at Old Trafford, United lost the return 2-1. A few days later, McGuinness was relieved of his managerial duties and Sir Matt Busby stepped back into the breach as the caretaker-manager. The team responded immediately, winning 7 of the next ten, and eventually finished 8th with George Best top scoring with 18.

Frank O'Farrell accepted a lucrative offer to take over at Old Trafford during the summer of 1971. His side stormed out of the blocks, winning 14 of the first twenty. They led the table by 5 points at Christmas, but a 3-0 defeat on New Year's day sent them on a run of 7 defeats and they finished 8th for the third term in succession. They enjoyed some success in the 1971-72 FA Cup, beating 3 lower Division sides before losing at Stoke in a quarter-final replay.

Early 1972-73 was pure misery for United fans. Their side failed to win any of the first 9 fixtures and propped up the table. There was some improvement with 5 victories, but they were still third from bottom when they visited Crystal Palace on 16th December. Palace won 5-0 and two days later O'Farrell was sacked. Although only Martin Buchan of his 4 major signings was proving to be a success, O'Farrell (like McGuinness) had inherited a nightmare task, in the shadow of Busby. The job was made more difficult by the antics of George Best, who was 'absent' and on the transfer list at the time of his manager's sacking.

The Board reacted quickly by recruiting Tommy Docherty. A late Leeds equaliser denied him a winning start after Ted McDougall had opened the scoring. It was the former Bournemouth striker's 5th and last goal for United before being despatched to West Ham. Docherty had already been busy in the transfer market, signing George Graham, Jim Holton, Alex Forsyth, Lou Macari and Mick Martin.

The energetic Docherty pulled things around and his side finished 18th, 7 points clear of the drop. Bobby Charlton was the top scorer (with 6 goals); but at the end of 1972-73 he left Old Trafford and became Preston's manager. He had made a club record number of 606 League appearances and scored 199 goals, another United record. Another great, Denis Law (309 games - 171 goals), also departed in the summer of 1973, moving across the city to Maine Road.

The writing had been on the wall for some time and in 1973-74 Manchester United were relegated for the first time in 37 years. They won their first 2 home games, but slowly drifted down the table. A 2-1 defeat at West Ham, in January, sent them into the relegation zone and they were not able to dig their way out. A flurry of 4 wins gave them hope, but ironically it was Denis Law who provided

Bobby Charlton in action in one of his record 606 League appearances for Manchester United.

the final touch which relegated them (in 21st place). His back-heel gave City a 1-0 win at Old Trafford. The result was allowed to stand in spite of a crowd invasion which ended the game 4 minutes early.

United bounced back in style at the first time of asking. They won their first 4 games and never relinquished the lead, finishing 3 points ahead of Aston Villa. Despite United's relegation, there was a Manchester derby in 1974-75, as the two clubs were paired together in the League Cup. Over 55,000 roared Docherty's side to a 1-0 victory and then two more top-flight sides, Burnley and Middlesbrough, found visits to the Manchester cauldron too hot to handle. Not for the first time that term, it was Norwich (who had inflicted United's first League defeat) who proved party-poopers, winning the semi-final on aggregate.

Manchester United made a magnificent return to the First Division, rattling up 5 wins in an unbeaten 6 game run which took them to the top of the early tables. Although not able to sustain that relentless pace, they were never out of the top 5 and were still in with a chance of the title until beaten at home by Stoke in late April. They finished third, 4 points behind the Champions Liverpool.

For a while, United fans dreamed of achieving the double in 1975-76 as their side stormed to the FA Cup final. However, even one trophy proved elusive when Southampton beat them 1-0 in a disappointing final.

United fans brushed the cobwebs off their passports for the club's first European campaign in 8 years in 1976-77. A 1-0 defeat at Ajax did not deter Docherty's braves who responded by winning the return 2-0. They followed up with a 1-0 home win over Juventus; but then crashed out of the UEFA Cup in Italy.

In the League, United made a good start and headed the table after 8 games; then they slumped, going 8 games without a win, and never got back on terms with the leaders and finished 6th. However, 1976-77 was still a trophy winning season. United reached their second successive FA Cup final and beat Liverpool 2-1 to lift the trophy for the first time in 14 seasons. Stuart Pearson opened the scoring in the second half, but Liverpool equalised almost immediately. Within 2 minutes Jimmy Greenhoff deflected home a 'wide' shot from Macari, to crush their opponents' dreams of a double.

It was the club's first major trophy in 9 years, yet it proved to be Docherty's last achievement with United. He lost his job as a result of an affair with the wife of the club's physiotherapist. His replacement was Dave Sexton.

Sexton's side made a good start to 1977-78, but slowly lost form and drifted down the table to 14th at Christmas. The signing of the Leeds pair, striker Joe

Jordan and centre-half Gordon McQueen, led to some improvement and they finished 10th.

The club was involved in a strange European Cup Winners' Cup campaign in 1977-78. They pulled off a superb 1-1 draw at St. Etienne, but the headlines were grabbed by the exploits of some of their fans who caused disturbances. A few days later, United were thrown out of the competition because of that bad behaviour. However, they were allowed back on appeal, with the condition that the return leg was played at least 300 kilometres from Old Trafford. It eventually went ahead at Home Park, Plymouth, in front of a 31,500 crowd (with nearly as many more watching on closed-circuit TV at Old Trafford). Goals by Pearson and Steve Coppell ensured United progressed into the second round, but there they found Porto too good for them.

There were few highlights in the 1978-79 League season with Sexton's side finishing 9th, winning just twice in their last 13 games. The distraction of an F.A. Cup run was partly to blame as, for the third time in 4 seasons, they reached Wembley. The final with Arsenal was no classic, but it did have an explosive twist in its tail. Trailing 2-0 with just 4 minutes remaining, McQueen and McIlroy sensationally pulled United level; however, they lost concentration, and the Cup, as the Gunners fired a dramatic late third to avert extra-time.

Sexton recruited his old Chelsea skipper Ray Wilkins during the summer of 1979 and the midfielder's arrival led to greater consistency. A good start to 1979-80 saw them head the table in October, and from then onwards they disputed the lead with Liverpool. But a 6-0 defeat at Ipswich tipped the balance the Merseysiders' way, and despite a run of 8 victories from 9 games, United had to settle for second, just 2 points adrift.

The following season's UEFA Cup run was brief and undistinguished, Widzew Lodz bundling them out on away goals. With Wilkins side-lined until January, United found it difficult to gain momentum in the League. Too many games were drawn and, despite losing only once in the first third of the season, they could not keep pace with the leaders. Sexton's £1 million dabble on Garry Birtles was not a success, the former Forest striker failing to score in 25 League appearances. United won their last 7 matches of 1980-81 to finish 8th, but it was not enough to prevent Sexton from being sacked and replaced by Ron Atkinson.

The new boss soon rang the changes, bringing in Frank Stapleton to replace the AC Milan-bound Jordan (top scorer for the previous two terms). Atkinson also added John Gidman and then returned to West Brom, his previous club, for Remi Moses and Bryan Robson.

Following a mixed start to 1981-82, United rose to the top of the table in the late autumn, but could not maintain their challenge and finished third. Stapleton top scored with 13, while Birtles contributed 11 goals.

After crashing out of the UEFA Cup to Valencia, United concentrated on making 1982-83 the first season in which they mounted a serious attack on all 3 domestic trophies. The signing of Ipswich's Arnold Muhren proved to be a masterstroke and they lost only once in the first 11 games to head the table towards the end of October. A dip in form coincided with Wilkins' absence with a broken jaw. Wilkins lost the captaincy of both his club and country during this period to Robson, while arguably United lost the chance of taking the title. They won only 9 of the last 24 games, but still finished third.

The Champions Liverpool defeated them in the Milk Cup; but only after extra-time in a thrilling Wembley final. Wilkins was back in the side, but Robson was missing through injury. Norman Whiteside gave United the lead, but they could not hold on.

Atkinson's side returned to Wembley 2 months later for another close and exciting encounter, in the FA Cup final with Brighton. The Seagulls scored first, but United responded with goals by Wilkins and Stapleton. A late equaliser set up extra-time, in which Brighton wasted a golden chance when their striker Smith allowed goalkeeper Gary Bailey to deny him; and a relieved Manchester contingent were grateful to return for a replay. This time they made no mistake, with Robson (2), Whiteside and Muhren on the score-sheet and Brighton unable to reply.

A fine start of 8 wins from the first 11 games set United up for another title challenge in 1983-84. A 16 game unbeaten run kept them in contention almost to the end. However, they picked up only 3 points from the last 5 games and finished 4th.

A contributing factor in their Championship failure was the distraction of a European Cup Winners' Cup campaign. Dukla Prague, Spartak Varna and Barcelona were all beaten en route to the semi-final meetings with Juventus. After being held 1-1 at Old Trafford, United's hopes evaporated in Turin.

The following season United had another good run in Europe, beating Raba Gyor, PSV Eindhoven and Dundee United before being edged out on penalty kicks by Videoton in the quarter-final of the UEFA Cup.

Wilkins had by now departed to AC Milan and United's midfield had been supplemented on the flanks by Gordon Strachan and Jesper Olsen. After a muted start of 4 draws, United moved into the top four. However, they could never quite get on terms with emphatic Champions Everton and finished 4th.

Manchester United and Everton met 4 times in 1984-85. The Toffeemen came out on top in the League, winning 5-0 at Goodison Park and grabbing a point at Old Trafford. They also won 2-1 in the Milk Cup; but United had the final word in the FA Cup final. It took a replay to by-pass Liverpool in the semi-final and extra-time before they ended Everton's double bid at Wembley. However, Whiteside's fine goal was not the full story as United had Kevin Moran sent-off (the first to walk in an FA Cup final), making their success even more creditable.

United had a magnificent start to 1985-86, conceding just 3 and scoring 27 goals in winning 10 games on the reel. They were not beaten until their visit to Hillsborough on 9th November. However, the rot slowly set in as Robson missed a huge chunk of the rest of the season through injury. League leadership was finally lost on 1st February as Atkinson's side bowed under pressure. They finished 4th, 12 points adrift of the Champions Liverpool.

In stark contrast to a year earlier, 1986-87 opened with 3 defeats. After 9 games United were floundering in the relegation zone with just 5 points. A short flurry of better results lifted them to 19th; but in November Atkinson received the sack. Alex Ferguson was appointed as his replacement. United gradually improved and finished 11th.

The improvement continued in 1987-88 with only 2 defeats before Christmas and just 3 more afterwards. However, United never gained the leadership and settled for the runners-up berth, 9 points behind Liverpool. Close season signings Brian McClair (the top scorer with 24) and Viv Anderson had made a noticeable difference, as did mid-season signing Steve Bruce.

Jim Leighton and Mark Hughes (who rejoined from Barcelona) were the fresh faces at the start of 1988-89. Only one of the first 15 games was lost, but 9 ended in draws and Ferguson's side struggled to keep up with the pacemakers. Six victories in seven after Christmas lifted them to third; but 6 defeats in the last 8 pushed them back down to 11th. They reached the FA Cup quarter-final stage, but were then beaten by Nottingham Forest at Old Trafford.

However, United went all the way in the FA Cup the following season, beating Oldham after two games at Maine Road to set up a final meeting with Crystal Palace. A thrilling first game ended 3-3 with Hughes netting twice and Robson getting the other. The more subdued replay deservedly went United's way with full-back Lee Martin the unlikely goalscoring hero.

United had a mediocre season in the League in 1989-90. They spent most of it in the bottom half and only a late flurry of wins lifted them to 13th. Part of the problem was the number of new men which had been drafted in. Over £2 million was spent on Neil Webb and Mike Phelan during the close season. Then, Gary Pallister, Paul Ince and Danny Wallace made their debuts after big money moves.

There was a marked improvement in consistency in 1990-91 and they finished 6th. McClair and Bruce were the joint top scorers with 13, the latter's tally including 7 penalties. A different sort of penalty was the one inflicted on the club for the events in their home defeat by Arsenal. At one stage all 11 United players and the 10 outfield Gunners were involved in a mass brawl. As a result both clubs were fined £50,000, Arsenal were deducted 2 points and United lost one. On a happier note, Ryan Giggs made his initial appearances on the team-sheet in 1990-91 and scored in the local derby game at Old Trafford.

The club reached two cup finals in 1990-91. Firstly, they beat Leeds home and away to reach the Rumbelows Cup final for a meeting with Sheffield Wednesday. United were the favourites, but on the day the Second Division side, managed by Ron Atkinson, deserved their 1-0 triumph.

The second final was the club's first in a European competition since they won the European Cup in 1968. Pesci Munkas, Wrexham, Montpellier and Legia

Manchester United and Liverpool pictured together after the 1-1 draw in the 1990 Charity Shield

Warsaw were knocked out to set up a meeting in Rotterdam with Barcelona. Montpellier had been the most difficult nut to crack, a 1-1 draw at Old Trafford forcing United onto the offensive in France. Their reward was a 2-0 victory with Clayton Blackmore and Bruce scoring.

The final was a tight affair, but it turned United's way with two goals by Hughes. The Spanish side fought back and halved the deficit, but could not prevent Bryan Robson from lifting the European Cup Winners' Cup.

It was another Spanish side, Atletico Madrid, who ended all hopes of the trophy being retained in 1991-92, in the second round. However, there was one major cup success in 1991-92 when United returned to Wembley for another Rumbelows Cup final. This time they were on the right end of a 1-0 score-line, as McClair's goal defeated Forest.

1991-92 started in excellent fashion with an unbeaten run of 12 matches. After losing 3-2 at Hillsborough, United went on another fine run which yielded 16 points from 6 games. The title race had turned into a two horse affair with Leeds.

The absence of Robson, through further injuries, was a contributory factor to an uneven run of just 6 wins from 16 games, which was punctuated by a glut of draws. Leadership swapped hands several times, but it was Manchester United who held the initiative with a one point lead and a game in hand on Easter Monday morning. However, Forest exacted some revenge for their Wembley defeat by winning 2-1 win at Old Trafford. Leeds took over again at the top and two days later the game in hand, at West Ham, slipped away in the second half. Leeds refused to falter and took the title by 5 points.

Many observers felt that Manchester United had lost that 1991-92 title, rather than that Leeds had won it. It was a lesson Ferguson and his side remembered a year later.

United had a very uneven opening to the inaugural Premier League campaign in 1992-93, collecting one point from the first 3 games and then winning 5 on the trot. Five successive draws and then 2 defeats pushed them down to 10th in November. The turning point was Ferguson's plunge into the transfer market to sign Eric Cantona from Leeds. That £1.2 million investment was to be repaid handsomely.

Cantona soon ignited his new team-mates and, with a 10 game unbeaten run, United moved to the top of the table and another head-to-head battle, this time with Aston Villa. Memories of the previous season flooded back when United hit a 4 match winless sticky patch around Easter. However, this time, they refused to crack and finished with 7 consecutive victories. Villa could not match the pace and finished 10 points adrift.

So, after a gap of 26 years, Manchester United were again Champions. Further injuries meant that Robson had only a bit part in the triumph. Cantona had been the catalyst, but this was a great team performance. Peter Schmeichel had been magnificent between the sticks, while Paul Parker, Bruce, Pallister and Dennis Irwin formed a formidable back four. Ince had been an influential figure, linking the defence with the attack; and Giggs, Lee Sharpe and Andrei Kanchelskis were the cutting thrusts on the flanks. The unsung McClair switched from attack to midfield to accommodate Cantona, and he and top scorer Hughes (with 15) never gave less than 100% commitment.

Earlier in 1992-93, the club's UEFA Cup campaign was ended at the second round stage by Torpedo Moscow. After two goalless draws, the Russians lived up to their name, sinking United in a penalty shoot-out.

Ferguson's men were also torpedoed at the second round stage of the European Cup a year later when Galatasaray proved to be unexpectedly difficult opponents. The Turks pulled off a major shock by drawing 3-3 at Old Trafford and there was no more scoring nor a way back in Turkey.

That early exit from Europe left United free to concentrate on trying to land a unique domestic treble. A 6 match unbeaten run sent them to the top of the table at the end of August, and they never really looked back despite a 1-0 defeat at Stamford Bridge. They reeled off another 21 games without defeat before Chelsea inflicted the double over them. The next defeat could have been more significant as it was against their chief challengers Blackburn, which reduced the gap to just 3 points (with 7 games remaining). However, United kept their nerve and retained the title without playing, when Rovers went down at Coventry. The final points tally was 92 (a club record), 8 more than Blackburn. The 1993-94 success was gained by virtually the same personnel as 12 months earlier, plus summer signing Roy Keane, who added extra bite to the midfield.

Dreams of the treble had evaporated when Ron Atkinson out-foxed them in the Coca-Cola Cup final. His Aston Villa side won 3-1 (Hughes the United scorer) and, to make things worse, Kanchelskis received a red card for handling on the line. His suspension ruled him out of his side's return to Wembley, two weeks later, for an FA Cup semi-final with Oldham. The Latics were generally the better side and deservedly took the lead in extra-time; however with only seconds left Hughes volleyed a spectacular equaliser to set up a Maine Road replay. Kanchelskis returned to spark a convincing 4-1 victory and set up a final with Chelsea.

Manchester United became only the fifth club to win the Double when they beat Chelsea 4-0. The first half was goalless; but United then took control, and their 8th FA Cup, with Cantona (two penalties), Hughes and McClair netting. For the second successive season, Alex Ferguson was named 'Manager of the Year'. After 345 League appearances (74 goals), Bryan Robson left Old Trafford and became Middlesbrough's player-manager in May 1994.

1994-95 promised to be another great campaign, but ended in total disappointment. Their participation in the European Cup Champions League eventually foundered in December when they finished third in their group. They failed to progress to the knock-out stages because they had conceded 3 more goals than Barcelona who, with Göteborg, finished above them.

Newcastle ended their interest in the Coca-Cola Cup, but later in the season Ferguson returned to St James' Park to sign Andy Cole for £7 million. The new striker netted 12 times (including 6 in the 9-0 thrashing of Ipswich); but could not quite make up for the loss of Eric Cantona for the last 4 months of the season. The Frenchman had been banned following an outrageous an attack on a spectator in a match at Crystal Palace on 25th January.

Even without Cantona, United pushed Blackburn all the way to the line, but failed by just one point. With Rovers slipping up at Anfield, Alex Ferguson would have collected his third successive title if his side had won (rather than drawn) at West Ham on the final day.

Further disappointment followed in the FA Cup final, when Everton defeated them 1-0. Nevertheless, Manchester United entered the summer of 1995 looking forward to Cantona's return and determined to re-establish themselves as the country's top club.

Two of Manchester United's most influential players in recent years :
Bryan Robson and Steve Bruce

F.A. CUP COMPETITION

1970/71 SEASON
3rd Round
Jan 2 vs Middlesbrough (h) 0-0
Att: 47,824
Replay
Jan 5 vs Middlesbrough (a) 1-2
Att: 41,000 Best

1971/72 SEASON
3rd Round
Jan 15 vs Southampton (a) 1-1
Att: 28,160 Charlton
Replay
Jan 19 vs Southampton (h) 4-1 (aet.)
Att: 50,966 Best 2, Sadler, Aston
4th Round
Feb 5 vs Preston North End (a) 2-0
Att: 37,052 Gowling 2
5th Round
Feb 26 vs Middlesbrough (h) 0-0
Att: 54,000

Replay
Feb 29 vs Middlesbrough (a) 3-0
Att: 39,687 Morgan (pen), Best, Charlton
6th Round
Mar 18 vs Stoke City (h) 1-1
Att: 54,000 Best
Replay
Mar 22 vs Stoke City (a) 1-2 (aet.)
Att: 49,097 Best

1972/73 SEASON
3rd Round
Jan 13 vs Wolverhampton Wands. (a) 0-1
Att: 40,005

1973/74 SEASON
3rd Round
Jan 5 vs Plymouth Argyle (h) 1-0
Att: 31,810 Macari
4th Round
Jan 26 vs Ipswich Town (h) 0-1
Att: 37,177

1974/75 SEASON
3rd Round
Jan 4 vs Walsall (h) 0-0
Att: 43,353

Replay
Jan 7 vs Walsall (a) 2-3 (aet.)
Att: 18,105 Daly (pen), McIlroy

1975/76 SEASON
3rd Round
Jan 3 vs Oxford United (h) 2-1
Att: 41,082 Daly 2 (2 pens)
4th Round
Jan 24 vs Peterborough United (h) 3-1
Att: 56,352 Forsyth, McIlroy, Hill
5th Round
Feb 14 vs Leicester City (a) 2-1
Att: 34,000 Macari, Daly
6th Round
Mar 6 vs Wolverhampton Wanderers (h) 1-1
Att: 59,433 Daly
Replay
Mar 9 vs Wol'hampton Wands. (a) 3-2 (aet.)
Att: 44,373 Pearson, Greenhoff, McIlroy
Semi-Final (at Hillsborough)
Apr 3 vs Derby County 2-0
Att: 55,000 Hill 2

13

FINAL (at Wembley)
May 1 vs Southampton 0-1
Att: 100,000

1976/77 SEASON
3rd Round
Jan 8 vs Walsall (h) 1-0
Att: 48,870 Hill
4th Round
Jan 29 vs Queen's Park Rangers (h) 1-0
Att: 57,422 Macari
5th Round
Feb 26 vs Southampton (a) 2-2
Att: 29,137 Macari, Hill
Replay
Mar 8 vs Southampton (h) 2-1
Att: 58,103 Greenhoff J 2
6th Round
Mar 19 vs Aston Villa (h) 2-1
Att: 57,089 Houston, Macari
Semi-Final (at Hillsborough)
Apr 23 vs Leeds United 2-1
Att: 55,000 Greenhoff J, Coppell
FINAL (at Wembley)
May 21 vs Liverpool 2-1
Att: 100,000 Pearson, Greenhoff J

1977/78 SEASON
3rd Round
Jan 7 vs Carlisle United (a) 1-1
Att: 25,500 Macari
Replay
Jan 11 vs Carlisle United (h) 4-2
Att: 54,156 Macari 2, Pearson 2
4th Round
Jan 28 vs West Bromwich Albion (h) 1-1
Att: 57,056 Coppell
Replay
Feb 1 vs West Bromwich Alb. (a) 2-3 (aet.)
Att: 38,000 Pearson, Hill

1978/79 SEASON
3rd Round
Jan 15 vs Chelsea (h) 3-0
Att: 38,500 Coppell, Grimes, Greenhoff J
4th Round
Jan 31 vs Fulham (a) 1-1
Att: 25,229 Greenhoff J
Replay
Feb 12 vs Fulham (h) 1-0
Att: 41,020 Greenhoff J
5th Round
Feb 20 vs Colchester United (a) 1-0
Att: 13,171 Greenhoff J
6th Round
Mar 10 vs Tottenham Hotspur (a) 1-1
Att: 51,800 Thomas
Replay
Mar 14 vs Tottenham Hotspur (h) 2-0
Att: 54,510 Jordan, McIlroy
Semi-Final (at Maine Road)
Mar 31 vs Liverpool 2-2
Att: 52,584 Jordan, Greenhoff J
Replay (at Goodison Park)
Apr 4 vs Liverpool 1-0
Att: 53,069 Greenhoff J
FINAL (at Wembley)
May 12 vs Arsenal 2-3
Att: 100,000 McQueen, McIlroy

1979/80 SEASON
3rd Round
Jan 5 vs Tottenham Hotspur (a) 1-1
Att: 45,207 McIlroy (pen)
Replay
Jan 9 vs Tottenham Hotspur (h) 0-1 (aet.)
Att: 53,762

1980/81 SEASON
3rd Round
Jan 3 vs Brighton & Hove Albion (h) 2-2
Att: 42,199 Duxbury, Thomas
Replay
Jan 7 vs Brighton & Hove Albion (a) 2-0
Att: 26,928 Nicholl, Birtles
4th Round
Jan 24 vs Nottingham Forest (a) 0-1
Att: 34,110

1981/82 SEASON
3rd Round
Jan 2 vs Watford (a) 0-1
Att: 26,104

1982/83 SEASON
3rd Round
Jan 8 vs West Ham United (h) 2-0
Att: 44,143 Coppell, Stapleton
4th Round
Jan 29 vs Luton Town (a) 2-0
Att: 20,516 Moses, Moran
5th Round
Feb 19 vs Derby County (a) 1-0
Att: 33,022 Whiteside
6th Round
Mar 12 vs Everton (h) 1-0
Att: 58,198 Stapleton
Semi-Final (at Villa Park)
Apr 16 vs Arsenal 2-1
Att: 46,535 Robson, Whiteside
FINAL (at Wembley)
May 21 vs Brighton & Hove Alb. 2-2 (aet.)
Att: 100,000 Stapleton, Wilkins
Replay (at Wembley)
May 26 vs Brighton & Hove Albion 4-0
Att: 100,000 Robson 2, Whiteside, Muhren (pen)

1983/84 SEASON
3rd Round
Jan 7 vs Bournemouth (a) 0-2
Att: 15,000

1984/85 SEASON
3rd Round
Jan 5 vs Bournemouth (h) 3-0
Att: 32,080 Strachan, McQueen, Stapleton
4th Round
Jan 26 vs Coventry City (h) 2-1
Att: 38,039 Hughes, McGrath
5th Round
Feb 15 vs Blackburn Rovers (a) 2-0
Att: 22,692 Strachan, McGrath
6th Round
Mar 9 vs West Ham United (h) 4-2
Att: 46,769 Hughes, Whiteside 3 (1 pen)
Semi-Final (at Villa Park)
Apr 13 vs Liverpool 2-2
Att: 51,690 Robson, Stapleton
Semi-Final Replay (at Maine Road)
Apr 17 vs Liverpool 2-1
Att: 45,775 Robson, Hughes
FINAL (at Wembley)
May 18 vs Everton 1-0 (aet) (90 mins 0-0)
Att: 100,000 Whiteside

1985/86 SEASON
3rd Round
Jan 9 vs Rochdale (h) 2-0
Att: 38,500 Stapleton, Hughes
4th Round
Jan 25 vs Sunderland (a) 0-0
Att: 35,484
Replay
Jan 29 vs Sunderland (h) 3-0
Att: 43,402 Whiteside, Olsen 2 (1 pen)

5th Round
Mar 5 vs West Ham United (a) 1-1
Att: 26,441 Stapleton
Replay
Mar 9 vs West Ham United (h) 0-2
Att: 30,441

1986/87 SEASON
3rd Round
Jan 10 vs Manchester City (h) 1-0
Att: 54,294 Whiteside
4th Round
Jan 31 vs Coventry City (h) 0-1
Att: 49,082

1987/88 SEASON
3rd Round
Jan 10 vs Ipswich Town (a) 2-1
Att: 23,012 D'Avray (og), Anderson
4th Round
Jan 30 vs Chelsea (h) 2-0
Att: 50,716 Whiteside, McClair
5th Round
Feb 20 vs Arsenal (a) 1-2
Att: 32,222 McClair

1988/89 SEASON
3rd Round
Jan 7 vs Queens Park Rangers (h) 0-0
Att: 36,222
Replay
Jan 11 vs Queens Park Rangers (a) 2-2 (aet)
Att: 22,236 Gill, Graham
2nd Replay
Jan 23 vs Queens Park Rangers (h) 3-0
Att: 46,257 McClair 2 (1 pen), Robson
4th Round
Jan 28 vs Oxford United (h) 4-0
Att: 47,754 Hughes, Bruce, Phillips J (og), Robson
5th Round
Feb 18 vs Bournemouth (a) 1-1
Att: 12,500 Hughes
Replay
Feb 22 vs Bournemouth (h) 1-0
Att: 52,422 McClair
6th Round
Mar 18 vs Nottingham Forest (h) 0-1
Att: 55,052

1989/90 SEASON
3rd Round
Jan 7 vs Nottingham Forest (a) 1-0
Att: 23,072 Robins
4th Round
Jan 28 vs Hereford United (a) 1-0
Att: 13,777 Blackmore
5th Round
Feb 18 vs Newcastle United (a) 3-2
Att: 31,748 Robins, Wallace, McClair
6th Round
Mar 11 vs Sheffield United (a) 1-0
Att: 34,344 McClair
Semi-Final (at Maine Road)
Apr 8 vs Oldham Athletic 3-3 (aet.)
Att: 44,026 Robson, Webb, Wallace
Replay (at Maine Road)
Apr 11 vs Oldham Athletic 2-1 (aet.)
Att: 35,005 McClair, Robins
FINAL (at Wembley)
May 12 vs Crystal Palace 3-3 (aet.)
Att: 80,000 Robson, Hughes 2
REPLAY (at Wembley)
May 17 vs Crystal Palace 1-0
Att: 80,000 Martin

1990/91 SEASON
3rd Round
Jan 7 vs Queens Park Rangers (h) 2-1
Att: 35,065   Hughes, McClair
4th Round
Jan 26 vs Bolton Wanderers (h) 1-0
Att: 43,293   Hughes
5th Round
Feb 18 vs Norwich City (a) 1-2
Att: 23,058   McClair

1991/92 SEASON
3rd Round
Jan 15 vs Leeds United (a) 1-0
Att: 31,819   Hughes
4th Round
Jan 27 vs Southampton (a) 0-0
Att: 19,506
Replay
Feb 5 vs Southampton (h) 2-2 (aet.)
Att: 33,414   Kanchelskis, McClair
Southampton won 4-2 on penalties

1992/93 SEASON
3rd Round
Jan 5 vs Bury (h) 2-0
Att: 30,668   Phelan, Gillespie
4th Round
Jan 23 vs Brighton & Hove Albion (h) 1-0
Att: 33,610   Giggs
5th Round
Jan 14 vs Sheffield United (a) 1-2
Att: 27,150   Giggs

1993/94 SEASON
3rd Round
Jan 9 vs Sheffield United (a) 1-0
Att: 22,019   Hughes
4th Round
Jan 30 vs Norwich City (a) 2-0
Att: 21,060   Keane, Cantona
5th Round
Feb 20 vs Wimbledon (a) 3-0
Att: 27,511   Irwin, Cantona, Ince
6th Round
Mar 12 vs Charlton Athletic (h) 3-1
Att: 44,347   Kanchelskis 2, Hughes
Semi-Final (at Wembley)
Apr 10 vs Oldham Athletic 1-1
Att: 56,399   Hughes
Replay (at Maine Road)
Apr 13 vs Oldham Athletic 4-1
Att: 32,311   Irwin, Kanchelskis, Robson, Giggs
FINAL (at Wembley)
May 14 vs Chelsea 4-0
Att: 79,634   Cantona 2 (2 pens), Hughes, McClair

1994/95 SEASON
3rd Round
Jan 9 vs Sheffield United (a) 2-0
Att: 22,322   Hughes, Cantona
4th Round
Jan 28 vs Wrexham (h) 5-2
Att: 43,222   Irwin 2 (1 pen), Giggs, McClair, Humes (og)
5th Round
Feb 19 vs Leeds United (h) 3-1
Att: 42,744   Bruce, McClair, Hughes
6th Round
Mar 12 vs Queen's Park Rangers (h) 2-0
Att: 42,830   Irwin, Sharpe
Semi-Final (at Villa Park)
Apr 9 vs Crystal Palace 2-2 (aet.)
Att: 38,256   Irwin, Pallister
Replay (at Villa Park)
Apr 12 vs Crystal Palace 2-0
Att: 17,987   Bruce, Pallister
FINAL (at Wembley)
May 20 vs Everton 0-1
Att: 79,592

LEAGUE CUP COMPETITION

1970/71 SEASON
2nd Round
Sep 9 vs Aldershot (a) 3-1
Att: 18,509   Best, Kidd, Law
3rd Round
Oct 7 vs Portsmouth (h) 1-0
Att: 32,080   Charlton
4th Round
Oct 28 vs Chelsea (h) 2-1
Att: 47,322   Charlton, Best
5th Round
Nov 18 vs Crystal Palace (h) 4-2
Att: 43,241   Fitzpatrick, Kidd 2, Charlton
Semi-Final (1st leg)
Dec 16 vs Aston Villa (h) 1-1
Att: 49,000   Kidd
Semi-Final (2nd leg)
Dec 23 vs Aston Villa (a) 1-2 (agg. 2-3)
Att: 62,500   Kidd

1971/72 SEASON
2nd Round
Sep 7 vs Ipswich Town (a) 3-1
Att: 28,139   Morgan (pen), Best 2
3rd Round
Oct 6 vs Burnley (h) 1-1
Att: 44,400   Charlton
Replay
Oct 18 vs Burnley (a) 1-0
Att: 27,133   Charlton
4th Round
Oct 27 vs Stoke City (h) 1-1
Att: 47,062   Gowling
Replay
Nov 8 vs Stoke City (a) 0-0 (aet.)
Att: 40,829
2nd Replay
Nov 15 vs Stoke City (a) 1-2
Att: 42,223   Best

1972/73 SEASON
2nd Round
Sep 6 vs Oxford United (a) 2-2
Att: 17,177   Law, Charlton
Replay
Sep 12 vs Oxford United (h) 3-1
Att: 21,486   Best 2 (1 pen), Moore
3rd Round
Oct 3 vs Bristol Rovers (a) 1-1
Att: 33,597   Morgan
Replay
Oct 11 vs Bristol Rovers (h) 1-2
Att: 29,349   McIlroy

1973/74 SEASON
2nd Round
Oct 8 vs Middlesbrough (h) 0-1
Att: 23,906

1974/75 SEASON
2nd Round
Sep 11 vs Charlton Athletic (h) 5-1
Att: 21,616   Macari 2, McIlroy, Houston, Warman (og)
3rd Round
Oct 9 vs Manchester City (h) 1-0
Att: 55,225   Daly (pen)
4th Round
Nov 13 vs Burnley (h) 3-2
Att: 46,269   Macari 2, Morgan
5th Round
Dec 4 vs Middlesbrough (a) 0-0
Att: 36,000
Replay
Dec 18 vs Middlesbrough (h) 3-0
Att: 49,527   Pearson, McIlroy, Macari
Semi-Final (1st leg)
Jan 15 vs Norwich City (h) 2-2
Att: 58,010   Macari 2
Semi-Final (2nd leg)
Jan 22 vs Norwich City (a) 0-1 (agg. 2-3)
Att: 31,672

1975/76 SEASON
2nd Round
Sep 10 vs Brentford (h) 2-1
Att: 25,286   Macari, McIlroy
3rd Round
Oct 8 vs Aston Villa (a) 2-1
Att: 41,447   Macari, Coppell
4th Round
Nov 12 vs Manchester City (a) 0-4
Att: 50,182

1976/77 SEASON
2nd Round
Sep 1 vs Tranmere Rovers (h) 5-0
Att: 37,810   Daly 2, Macari, Pearson, Hill
3rd Round
Sep 22 vs Sunderland (h) 2-2
Att: 46,170   Pearson, Clarke (og)
Replay
Oct 4 vs Sunderland (a) 2-2 (aet.)
Att: 30,831   Greenhoff, Daly (pen)
2nd Replay
Oct 6 vs Sunderland (h) 1-0
Att: 47,689   Greenhoff
4th Round
Oct 27 vs Newcastle United (h) 7-2
Att: 52,002   Houston, Hill 3, Pearson, Nicholl, Coppell
5th Round
Dec 1 vs Everton (h) 0-3
Att: 57,738

1977/78 SEASON
2nd Round
Aug 30 vs Arsenal (a) 2-3
Att: 36,161   McCreery, Pearson

1978/79 SEASON
2nd Round (played at Old Trafford)
Aug 30 vs Stockport County (a) 3-2
Att: 42,384   Jordan, McIlroy, Greenhoff J (pen)
3rd Round
Oct 4 vs Watford (h) 1-2
Att: 40,534   Jordan

1979/80 SEASON
2nd Round (1st leg)
Aug 29 vs Tottenham Hotspur (a) 1-2
Att: 29,163   Thomas
2nd Round (2nd leg)
Sep 5 vs Tott. Hotspur (h) 3-1 (agg. 4-3)
Att: 48,292   Thomas, Coppell, Miller (og)
3rd Round
Sep 26 vs Norwich City (a) 1-4
Att: 18,312   McIlroy

1980/81 SEASON
2nd Round (1st leg)
Aug 27 vs Coventry City (a) 0-1
Att: 31,656

2nd Round (2nd leg)
Sep 2 vs Coventry City (a) 0-1 (agg. 0-2)
Att: 18,705

1981/82 SEASON
2nd Round (1st leg)
Oct 7 vs Tottenham Hotspur (a) 0-1
Att: 39,333
2nd Round (2nd leg)
Oct 28 vs Tott. Hotspur (h) 0-1 (agg. 0-2)
Att: 55,890

1982/83 SEASON
2nd Round (1st leg)
Oct 6 vs Bournemouth (h) 2-0
Att: 22,091 *Redknapp (og), Stapleton*
2nd Round (2nd leg)
Oct 26 vs Bournemouth (a) 2-2 (agg. 4-2)
Att: 13,226 *Muhren, Coppell (pen)*
3rd Round
Nov 10 vs Bradford City (a) 0-0
Att: 15,568
Replay
Nov 24 vs Bradford City (h) 4-1
Att: 24,507 *Moses, Albiston, Moran, Coppell*
4th Round
Dec 1 vs Southampton (h) 2-0
Att: 28,378 *McQueen, Whiteside*
5th Round
Jan 19 vs Nottingham Forest (h) 4-0
Att: 44,400 *McQueen 2, Coppell, Robson*
Semi-Final (1st leg)
Feb 15 vs Arsenal (a) 4-2
Att: 43,136 *Whiteside, Stapleton, Coppell 2*
Semi-Final (2nd leg)
Feb 23 vs Arsenal (h) 2-1 (aggregate 6-3)
Att: 56,635 *Coppell, Moran*
FINAL (at Wembley)
Mar 26 vs Liverpool 1-2 (aet.)
Att: 100,000 *Whiteside*

1983/84 SEASON
2nd Round (1st leg)
Oct 3 vs Port Vale (a) 1-0
Att: 19,855 *Stapleton*
2nd Round (2nd leg)
Oct 26 vs Port Vale (h) 2-0 (aggregate 3-0)
Att: 23,589 *Whiteside, Wilkins (pen)*
3rd Round
Nov 8 vs Colchester United (a) 2-0
Att: 13,031 *McQueen, Moses*
4th Round
Nov 30 vs Oxford United (a) 1-1
Att: 13,711 *Hughes*
Replay
Dec 7 vs Oxford United (h) 1-1 (aet.)
Att: 27,459 *Stapleton*
2nd Replay
Dec 19 vs Oxford United (a) 1-2 (aet.)
Att: 13,912 *Graham*

1984/85 SEASON
2nd Round (1st leg)
Sep 26 vs Burnley (h) 4-0
Att: 28,283 *Robson, Hughes 3*
2nd Round (2nd leg)
Oct 9 vs Burnley (a) 3-0 (aggregate 7-0)
Att: 12,684 *Brazil 2, Olsen*
3rd Round
Oct 30 vs Everton (h) 1-2
Att: 50,918 *Brazil*

1985/86 SEASON
2nd Round (1st leg)
Sep 24 vs Crystal Palace (a) 1-0
Att: 21,506 *Barnes*
2nd Round (2nd leg)
Oct 7 vs Crystal Palace (h) 1-0 (agg. 2-0)
Att: 26,118 *Whiteside*
3rd Round
Oct 29 vs West Ham United (h) 1-0
Att: 32,057 *Whiteside*
4th Round
Nov 26 vs Liverpool (a) 1-2
Att: 41,291 *McGrath*

1986/87 SEASON
2nd Round (1st leg)
Sep 24 vs Port Vale (h) 2-0
Att: 18,906 *Stapleton, Whiteside*
2nd Round (2nd leg)
Oct 7 vs Port vale (a) 5-2 (aggregate 7-2)
Att: 10,486 *Stapleton, Barnes, Moses 2, Davenport (pen)*
3rd Round
Oct 29 vs Southampton (h) 0-0
Att: 23,639
Replay
Nov 4 vs Southampton (a) 1-4
Att: 17,915 *Davenport*

1987/88 SEASON
2nd Round (1st leg)
Sep 23 vs Hull City (h) 5-0
Att: 25,041 *McGrath, Davenport, Whiteside, Strachan, McClair*
2nd Round (2nd leg)
Oct 7 vs Hull City (a) 1-0 (aggregate 6-0)
Att: 13,586 *McClair*
3rd Round
Oct 28 vs Crystal Palace (h) 2-1
Att: 27,283 *McClair 2 (1 pen)*
4th Round (at Old Trafford)
Nov 18 vs Bury (a) 2-1
Att: 33,519 *Whiteside, McClair*
Quarter-Final
Jan 20 vs Oxford United (a) 0-2
Att: 12,658

1988/89 SEASON
2nd Round (1st leg)
Sep 28 vs Rotherham United (a) 1-0
Att: 12,592 *Davenport*
2nd Round (2nd leg)
Oct 12 vs Rotherham Utd. (h) 5-0 (agg 6-0)
Att: 20,597 *McClair 3, Robson, Bruce*
3rd Round
Nov 2 vs Wimbledon (a) 1-2
Att: 10,864 *Robson*

1989/90 SEASON
2nd Round (1st leg)
Sep 20 vs Portsmouth (a) 3-2
Att: 18,072 *Ince 2, Wallace*
2nd Round (2nd leg)
Oct 3 vs Portsmouth (h) 0-0 (aggregate 3-2)
Att: 26,698
3rd Round
Oct 25 vs Tottenham Hotspur (h) 0-3
Att: 45,759

1990/91 SEASON
2nd Round (1st leg)
Sep 26 vs Halifax Town (a) 3-1
Att: 7,500 *Blackmore, McClair, Webb*
2nd Round (2nd leg)
Oct 10 vs Halifax Town (h) 2-1 (agg. 5-2)
Att: 22,295 *Bruce (pen), Anderson*
3rd Round
Oct 31 vs Liverpool (h) 3-1
Att: 42,033 *Bruce (pen), Hughes, Sharpe*
4th Round
Nov 28 vs Arsenal (a) 6-2
Att: 40,884 *Blackmore, Hughes, Sharpe 3, Wallace*
Quarter-Final
Jan 16 vs Southampton (a) 1-1
Att: 21,011 *Hughes*
Replay
Jan 23 vs Southampton (h) 3-2
Att: 41,093 *Hughes 3*
Semi-Final (1st leg)
Feb 10 vs Leeds United (h) 2-1
Att: 34,050 *Sharpe, McClair*
Semi-Final (2nd leg)
Feb 24 vs Leeds United (a) 1-0 (agg. 3-1)
Att: 32,014 *Sharpe*
FINAL (at Wembley)
Apr 21 vs Sheffield Wednesday 0-1
Att: 80,000

1991/92 SEASON
2nd Round (1st leg)
Sep 25 vs Cambridge United (h) 3-0
Att: 30,934 *Giggs, McClair, Bruce*
2nd Round (2nd leg)
Oct 9 vs Cambridge United (a) 1-1 (agg 4-1)
Att: 9,248 *McClair*
3rd Round
Oct 30 vs Portsmouth (h) 3-1
Att: 29,543 *Robins 2, Robson*
4th Round
Dec 4 vs Oldham Athletic (h) 2-0
Att: 38,550 *McClair, Kanchelskis*
Quarter-Final
Jan 8 vs Leeds United (a) 3-1
Att: 28,886 *Blackmore, Kanchelskis, Giggs*
Semi-Final (1st leg)
Mar 4 vs Middlesbrough (a) 0-0
Att: 25,572
Semi-Final (2nd leg)
Mar 11 vs Middlesbrough (h) 2-1 (agg. 2-1)
Att: 45,875 *Sharpe, Giggs*
FINAL (at Wembley)
Apr 12 vs Nottingham Forest 1-0
Att: 76,810 *McClair*

1992/93 SEASON
2nd Round (1st leg)
Sep 23 vs Brighton & Hove Albion (a) 1-1
Att: 16,649 *Wallace*
2nd Round (2nd leg)
Oct 7 vs Brighton & H. A. (h) 1-0 (agg. 2-1)
Att: 25,405 *Hughes*
3rd Round
Oct 28 vs Aston Villa (a) 0-1
Att: 35,964

1993/94 SEASON
2nd Round (1st leg)
Sep 22 vs Stoke City (a) 1-2
Att: 23,327 *Dublin*
2nd Round (2nd leg)
Oct 6 vs Stoke City (h) 2-0 (aggregate 3-2)
Att: 41,387 *Sharpe, McClair*
3rd Round
Oct 27 vs Leicester City (h) 5-1
Att: 41,344 *Bruce 2, Sharpe, McClair, Hughes*
4th Round
Nov 30 vs Everton (a) 2-0
Att: 34,052 *Hughes, Giggs*
Quarter-Final
Jan 12 vs Portsmouth (h) 2-2
Att: 43,794 *Cantona, Giggs*
Replay
Jan 26 vs Portsmouth (a) 1-0
Att: 24,950 *McClair*

Semi-Final (1st leg)
Feb 13 vs Sheffield Wednesday (h) 1-0
Att: 43,294   Giggs
Semi-Final (2nd leg)
Mar 2 vs Sheff. Wednesday (a) 4-1 (agg 5-1)
Att: 34,878   Kanchelskis, McClair, Hughes 2
FINAL (at Wembley)
Mar 27 vs Aston Villa 1-3
Att: 77,231   Hughes

1994/95 SEASON
2nd Round (1st leg)
Sep 21 vs Port Vale (a) 2-1
Att: 18,605   Scholes 2
2nd Round (2nd leg)
Oct 5 vs Port Vale (h) 2-0 (aggregate 4-1)
Att: 31,615   McClair, May
3rd Round
Oct 26 vs Newcastle United (a) 0-2
Att: 34,178

EUROPEAN CHAMPIONS CUP

1993/94 SEASON
1st Round (1st leg)
Sep 15 vs Honved (a) 3-2
Att: 9,000   Cantona, Keane 2
1st Round (2nd leg)
Sep 29 vs Honved (h) 2-1 (aggregate 5-3)
Att: 35,781   Bruce 2
2nd Round (1st leg)
Oct 20 vs Galatasaray (h) 3-3
Att: 39,346   Robson, Hakan (og), Cantona
2nd Round (2nd leg)
Nov 3 vs Galatasaray (a) 0-0 (aggregate 3-3)
Att: 40,000   Galatasaray won on Away Goals

1994/95 SEASON
Group A, Game One
Sep 14 vs IFK Gothenburg (h) 4-2
Att: 33,625   Giggs 2, Kanchelskis, Sharpe
Group A, Game Two
Sep 28 vs Galatasaray (a) 0-0
Att: 35,000
Group A, Game Three
Oct 19 vs Barcelona (h) 2-2
Att: 40,064   Hughes, Sharpe
Group A, Game Four
Nov 2 vs Barcelona (a) 0-4
Att: 114,432
Group A, Game Five
Nov 23 vs IFK Gothenburg (a) 1-3
Att: 36,350   Hughes
Group A, Game Six
Dec 7 vs Galatasaray (h) 4-0
Att: 39,220   Davies, Beckham, Keane, Bulent (og)

EUROPEAN CUP-WINNERS CUP

1977/78 SEASON
1st Round (1st leg)
Sep 14 vs St. Etienne (a) 1-1
Att: 33,678   Hill
1st Round (2nd leg) (played at Plymouth)
Oct 5 vs St. Etienne (h) 2-0 (aggregate 3-1)
Att: 31,634   Pearson, Coppell
2nd Round (1st leg)
Oct 19 vs Porto (a) 0-4
Att: 40,000

2nd Round (2nd leg)
Nov 2 vs Porto (h) 5-2 (aggregate 5-6)
Att: 52,375   Coppell 2, Murca 2 (2 ogs), Nicholl

1983/84 SEASON
1st Round (1st leg)
Sep 14 vs Dukla Prague (h) 1-1
Att: 39,765   Wilkins (pen)
1st Round (2nd leg)
Sep 27 vs Dukla Prague (a) 2-2 (agg. 3-3)
Att: 25,000   Robson, Whiteside
Manchester United won on Away Goals
2nd Round (1st leg)
Oct 19 vs Spartak Varna (a) 2-1
Att: 37,500   Robson (pen), Graham
2nd Round (2nd leg)
Nov 2 vs Spartak Varna (h) 2-0 (agg. 4-1)
Att: 39,079   Stapleton 2
Quarter-Final (1st leg)
Mar 7 vs Barcelona (a) 0-2
Att: 90,000
Quarter-Final (2nd leg)
Mar 21 vs Barcelona (h) 3-0 (aggregate 3-2)
Att: 58,350   Robson 2, Stapleton
Semi-Final (1st leg)
Apr 11 vs Juventus (h) 1-1
Att: 58,231   Davies
Semi-Final (2nd leg)
Apr 25 vs Juventus (a) 1-2 (aggregate 2-3)
Att: 70,000   Whiteside

1990/91 SEASON
1st Round (1st leg)
Sep 19 vs Pecsi Munkas (h) 2-0
Att: 26,411   Blackmore, Webb
1st Round (2nd leg)
Oct 3 vs Pecsi Munkas (a) 1-0 (agg. 3-0)
Att: 15,000   McClair
2nd Round (1st leg)
Oct 23 vs Wrexham (h) 3-0
Att: 29,405   McClair, Bruce (pen), Pallister
2nd Round (2nd leg)
Nov 7 vs Wrexham (a) 2-0 (aggregate 5-0)
Att: 13,327   Robins, Bruce
Quarter-Final (1st leg)
Mar 6 vs Montpellier (h) 1-1
Att: 41,942   McClair
Quarter-Final (2nd leg)
Mar 19 vs Montpellier (a) 2-0 (agg. 3-1)
Att: 20,500   Blackmore, Bruce (pen)
Semi-Final (1st leg)
Apr 10 vs Legia Warsaw (a) 3-1
Att: 17,500   McClair, Hughes, Bruce
Semi-Final (2nd leg)
Apr 24 vs Legia Warsaw (h) 1-1 (agg. 4-2)
Att: 44,269   Sharpe
FINAL (in Rotterdam)
May 15 vs Barcelona 2-1
Att: 45,000   Hughes 2

1991/92 SEASON
1st Round (1st leg)
Sep 18 vs Athinaikos (a) 0-0
Att: 9,500
1st Round (2nd leg)
Oct 2 vs Athinaikos (h) 2-0 (aet.) (agg. 2-0)
Att: 35,023   Hughes, McClair
2nd Round (1st leg)
Oct 23 vs Atletico Madrid (a) 0-3
Att: 52,000
2nd Round (2nd leg)
Nov 6 vs Atletico Madrid (h) 1-1 (agg. 1-4)
Att: 39,654   Hughes

UEFA CUP

1976/77 SEASON
1st Round (1st leg)
Sep 15 vs Ajax (a) 0-1
Att: 22,000
1st Round (2nd leg)
Sep 29 vs Ajax (h) 2-0 (aggregate 2-1)
Att: 58,938   Macari, McIlroy
2nd Round (1st leg)
Oct 20 vs Juventus (h) 1-0
Att: 59,021
2nd Round (2nd leg)
Nov 3 vs Juventus (a) 0-3 (aggregate 1-3)

1980/81 SEASON
1st Round (1st leg)
Sep 17 vs Widzew Lodz (h) 1-1
Att: 38,037   McIlroy
1st Round (2nd leg)
Oct 1 vs Widzew Lodz (a) 0-0 (agg. 1-1)
Att: 40,000
Widzew Lodz won on Away Goals

1982/83 SEASON
1st Round (1st leg)
Sep 15 vs Valencia (h) 0-0
Att: 46,599
1st Round (2nd leg)
Sep 29 vs Valencia (a) 1-2 (aggregate 1-2)
Att: 47,000   Robson

1984/85 SEASON
1st Round (1st leg)
Sep 19 vs Raba Gyor (h) 3-0
Att: 32,537   Robson, Muhren, Hughes
1st Round (2nd leg)
Oct 3 vs Raba Gyor (a) 2-2 (aggregate 5-2)
Att: 28,000   Brazil, Muhren (pen)
2nd Round (1st leg)
Oct 24 vs PSV Eindhoven (a) 0-0
Att: 26,500
2nd Round (2nd leg)
Nov 7 vs PSV Eindhoven (h) 1-0 (agg. 1-0)
Att: 39,281   Strachan (pen)
3rd Round (1st leg)
Nov 28 vs Dundee United (h) 2-2
Att: 48,278   Strachan (pen), Robson
3rd Round (2nd leg)
Dec 12 vs Dundee United (a) 3-2 (agg. 5-4)
Att: 22,500   Hughes, McGinnis (og), Muhren
Quarter-Final (1st leg)
Mar 6 vs Videoton (h) 1-0
Att: 35,432   Stapleton
Quarter-Final (2nd leg)
Mar 20 vs Videoton (a) 0-1 (aet.) (agg. 1-1)
Att: 25,000   Videoton won 5-4 on penalties

1970-71

1	Aug	15	(h)	Leeds U	L	0-1		59,365
2		19	(h)	Chelsea	D	0-0		50,979
3		22	(a)	Arsenal	L	0-4		54,117
4		25	(a)	Burnley	W	2-0	Law 2	29,385
5		29	(h)	West Ham U	D	1-1	Fitzpatrick	50,643
6	Sep	2	(h)	Everton	W	2-0	Best, Charlton	51,346
7		5	(a)	Liverpool	D	1-1	Kidd	52,542
8		12	(h)	Coventry C	W	2-0	Best, Charlton	48,939
9		19	(a)	Ipswich T	L	0-4		27,779
10		26	(h)	Blackpool	D	1-1	Best	46,647
11	Oct	3	(a)	Wolverhampton W	L	2-3	Gowling, Kidd	38,629
12		10	(h)	Crystal Palace	L	0-1		42,979
13		17	(a)	Leeds U	D	2-2	Charlton, Fitzpatrick	50,190
14		24	(h)	West Brom A	W	2-1	Kidd, Law	43,278
15		31	(a)	Newcastle U	L	0-1		45,140
16	Nov	7	(h)	Stoke C	D	2-2	Law, Sadler	47,451
17		14	(a)	Nottingham F	W	2-1	Gowling, Sartori	36,364
18		21	(a)	Southampton	L	0-1		30,202
19		28	(h)	Huddersfield T	D	1-1	Best	45,306
20	Dec	5	(a)	Tottenham H	D	2-2	Best, Law	55,693
21		12	(h)	Manchester C	L	1-4	Kidd	52,636
22		19	(h)	Arsenal	L	1-3	Sartori	33,182
23		26	(a)	Derby Co	D	4-4	Law 2, Best, Kidd	34,068
24	Jan	9	(a)	Chelsea	W	2-1	Gowling, Morgan	53,482
25		16	(h)	Burnley	D	1-1	Aston	40,135
26		30	(a)	Huddersfield T	W	2-1	Aston, Law	41,464
27	Feb	6	(h)	Tottenham H	W	2-1	Best, Morgan	48,965
28		20	(a)	Southampton	W	5-1	Gowling 4, Morgan	36,060
29		23	(a)	Everton	L	0-1		52,544
30		27	(h)	Newcastle U	W	1-0	Kidd	41,902
31	Mar	6	(a)	West Brom A	L	3-4	Aston, Best, Kidd	41,112
32		13	(h)	Nottingham F	W	2-0	Best, Law	40,473
33		20	(a)	Stoke C	W	2-1	Best 2	40,005
34	Apr	3	(a)	West Ham U	L	1-2	Best	38,507
35		10	(h)	Derby Co	L	1-2	Law	45,691
36		12	(h)	Wolverhampton W	W	1-0	Gowling	41,886
37		13	(a)	Coventry C	L	1-2	Best	33,818
38		17	(a)	Crystal Palace	W	5-3	Law 3, Best 2	39,145
39		19	(h)	Liverpool	L	0-2		44,004
40		24	(h)	Ipswich T	W	3-2	Charlton, Best, Kidd	33,566
41	May	1	(a)	Blackpool	D	1-1	Law	29,857
42		5	(a)	Manchester C	W	4-3	Best 2, Charlton, Law	43,626

FINAL LEAGUE POSITION : 8th in Division One

Appearances
Sub. Appearances
Goals

18

	Stepney	Edwards	Dunne	Crerand	Ure	Sadler	Fitzpatrick	Stiles	Charlton	Kidd	Best	Gowling	Morgan	Law	Rimmer	Young A	James	Watson	Burns	Sartori	Aston	O'Neill		
1	2	3	4	5	6	7	8*	9	10	11	12													1
1	2	3	4	5	6	8	10	9		11	7													2
1*	12	3	4	5	6	8	2	9		11		7	10											3
	2	3		5	6	4	10	9		11		7	8	1										4
	2	3		5	6	4	10*	9		11	12	7	8	1										5
	2	3		5	6	4	7	9	10	11			8	1										6
	2	3		5	6	4	7	9	10	11			8	1										7
	2	3		5	6	4	7	9	10	11			8	1										8
	2	3*		5	6	4	7	9		11	10		8	1	12									9
				6	4		9	10	11	8	7		1		5	2	3							10
				6	4		9	10	11	8	7		1		5	2*	3	12						11
	2	3		5		4	6	9	10	8		7	1					11						12
	2	3		5		4	6*	9	10	8			1			7	12	11						13
	2	3		5		4		9	10	8		7	1			6		11						14
	2	3			6	4		9	10	8			1		5	7		11						15
	2				6	4		9	10	8		7	1		5		3	11						16
		3			6	4		9		8	10		7	1		5	2	11						17
		3			6	4*		9	10	8			7	1		5	2		12	11				18
		3			6	4		9	10	8			7	1		5	2			11				19
		3			6	4		9	10	8			7	1		5	2			11				20
		3				4	6	9	10	8			7*	1		5	2		12	11				21
		3	4			6		9	10	8		7		1		5	2			11				22
		3	4	5	6	2		9	10	8			7	11	1									23
1	5	3	4			2	6	9			10	7	8							11				24
1	5	3	4			2	6	9			10	7	8							11				25
1	5		4	6	2		9		11	10	7	8*					3		12					26
1	5		4	6	2		9	8	11	10	7						3							27
1	5		4	6	2		9			8	10	7					3		11					28
1	5	3	4	6	2		9			8	10*	7						12	11					29
1	5	3	4	6	2		9	10		8		7							11					30
1	5	3	4	6	2		9	10		8		7							11					31
1	5	3	4	6	2		9			8		7	10				12		11*					32
1	5	3	4	6	2		9			8		7	10						11					33
1	5	3	4	6*	2		9			8		7	10				12		11					34
1	5	2	4			6	9		8	12	7	10				3		11*						35
1	5	2	4			6	9	12	7	8	11	10*				3								36
1	5	2	4			6	9	10	7	8	11					3								37
1	5	3	4*		6	2	9		7	8	11	10				12								38
1	5	2	4		6		9		7	8	11	10				3								39
1		2	4	6*			9	10	11	8		7		5		3	12							40
1		2	4		6		9	10	11	8		7		5		3								41
1			4		6		9	10	11	8		7		5		3			2					42
22	29	35	24	13	32	35	17	42	24	40	17	25	28	20		13	8	16	2	19	1			
	1							1		3			1			4	5	1						
				1	2		5	8	18	8	3	15					2	3						

1971-72

1	Aug	14	(a)	Derby Co	D	2-2	Gowling, Law	35,886
2		18	(a)	Chelsea	W	3-2	Charlton, Kidd, Morgan	54,763
3		20	(h)	Arsenal	W	3-1	Charlton, Gowling, Kidd	27,649
4		23	(h)	West Brom A	W	3-1	Best 2, Gowling	23,146
5		28	(a)	Wolverhampton W	D	1-1	Best	46,471
6		31	(a)	Everton	L	0-1		52,151
7	Sep	4	(h)	Ipswich T	W	1-0	Best	45,656
8		11	(a)	Crystal Palace	W	3-1	Law 2, Kidd	44,020
9		18	(h)	West Ham U	W	4-2	Best 3, Charlton	53,339
10		25	(a)	Liverpool	D	2-2	Charlton, Law	55,634
11	Oct	2	(h)	Sheffield U	W	2-0	Best, Gowling	51,735
12		9	(a)	Huddersfield T	W	3-0	Best, Charlton, Law	33,458
13		16	(h)	Derby Co	W	1-0	Best	53,247
14		23	(a)	Newcastle U	W	1-0	Best	52,411
15		30	(h)	Leeds U	L	0-1		53,960
16	Nov	6	(a)	Manchester C	D	3-3	Gowling, Kidd, McIlroy	63,326
17		13	(h)	Tottenham H	W	3-1	Law 2, McIlroy	54,058
18		20	(h)	Leicester C	W	3-2	Law 2, Kidd	48,757
19		27	(a)	Southampton	W	5-2	Best 3, Kidd, McIlroy	30,323
20	Dec	4	(h)	Nottingham F	W	3-2	Kidd 2, Law	45,411
21		11	(a)	Stoke C	D	1-1	Law	33,857
22		18	(a)	Ipswich T	D	0-0		29,229
23		27	(h)	Coventry C	D	2-2	James, Law	52,117
24	Jan	1	(a)	West Ham U	L	0-3		41,892
25		8	(h)	Wolverhampton W	L	1-3	McIlroy	46,781
26		22	(h)	Chelsea	L	0-1		55,927
27		29	(a)	West Brom A	L	1-2	Kidd	47,012
28	Feb	12	(h)	Newcastle U	L	0-2		44,983
29		19	(a)	Leeds U	L	1-5	Burns	45,399
30	Mar	4	(a)	Tottenham H	L	0-2		54,814
31		8	(h)	Everton	D	0-0		38,415
32		11	(h)	Huddersfield T	W	2-0	Best, Storey-Moore	53,581
33		25	(h)	Crystal Palace	W	4-0	Charlton, Gowling, Law, Storey-Moore	41,550
34	Apr	1	(a)	Coventry C	W	3-2	Best, Charlton, Storey-Moore	37,901
35		3	(h)	Liverpool	L	0-3		53,826
36		4	(a)	Sheffield U	D	1-1	Sadler	45,045
37		8	(a)	Leicester C	L	0-2		35,970
38		12	(h)	Manchester C	L	1-3	Buchan	56,362
39		15	(h)	Southampton	W	3-2	Best, Kidd, Storey-Moore	38,437
40		22	(a)	Nottingham F	D	0-0		35,063
41		25	(a)	Arsenal	L	0-3		49,125
42		29	(h)	Stoke C	W	3-0	Best, Charlton, Storey-Moore	34,959

FINAL LEAGUE POSITION : 8th in Division One

Appearances
Sub. Appearances
Goals

Stepney	O'Neill	Dunne	Gowling	James	Sadler	Morgan	Kidd	Charlton	Law	Best	Fitzpatrick	Aston	Burns	Sartori	McIlroy	Edwards	Buchan	Storey-Moore	Young	Connaughton	
1	2	3	4	5	6	7	8	9	10	11											1
1		3	4	5	6	7	8	9	10	11	2										2
1	2	3	4	5	6	7	8	9	10	11*		12									3
1	2	3	4	5	6	7	8	9*		10		11	12								4
1	2	3	4	5	6	7	8	9	10	11											5
1	2	3	4	5	6	7	8	9	10	11											6
1	2	3	4	5	6	7	8	9	10*	11		12									7
1	2	3	4*	5	6	7	8	9	10	11		12									8
1	2	3	4	5	6	7	8	9	10	11											9
1	2		4	5	6	7	8	9	10	11			3								10
1	2	3*	4	5	6	7	8	9		10		11	12								11
1	2	3	4	5	6	7	8	9	10	11											12
1	2	3	4	5	6	7	8	9	10	11											13
1	2	3	4	5	6	7	8	9	10	11		12									14
1	2	3	4	5	6	7	8*	9	10	11				12							15
1	2	3*	4	5	6	7	8	9		11		12			10						16
1	2		4	5	6	7		9	10	11			3		8						17
1	2		4	5		7	8	9	10*	11			3		12	6					18
1	2		4	5	6	7	8	9		11*		12	3		10						19
1	2		4	5	6	7	8	9	10	11			3								20
1	2		4	5	6	7	8*	9	10	11			3		12						21
1		2	4	5	6	7	8	9	10	11			3								22
1		2	4	5*	6	7	8	9	10	11			3		12						23
1		2	4		6	7	8	9	10	11			3			5					24
1		2	4*		6	7	8	9	10				3	12	11	5					25
1	2		4		6	7		9	10	11		12	3		8*	5					26
1	2	3		5	6	7	8	9	10	11		4									27
1	2		4	5	6	7	8	9	10	11			3								28
1	2	3	10	5	6	7	8*	9		11		4			12						29
1	2	3	8	5	6	7		9	10	11						4					30
1	2	3	8*	5	6		9		10	11		7			12	4					31
1	2	3		5	6	7	8	9		10						4	11				32
1	2	3	6	5			8*	9	10	7					12	4	11				33
1	2	3	6	5		7		9	10	8						4	11				34
1	2	3	6	5		7		9	10*	8						4	11	12			35
	2	3		5	6			9		7					8	4	11	10	1		36
	2	3	12		5	6		9		7					8*	4	11	10	1		37
	2	3	8*	5	6		10	9	12	7						4	11		1		38
1	2	3		5	6		9*		10	7					12	4	11	8			39
1	2	3		5*	6	7	8	9	10							4	11	12			40
1	2	3	6		5		10	9		7					12	4	11	8*			41
1	2	3	12	5				9*	10	7					8	4	11	6			42
39	37	34	35	37	37	35	34	40	32	40	1	2	15		8	4	13	11	5	3	
			2						1			7	2	2	8			2			
			6	1	1	1	10	8	13	18			1		4		1	5			

1972-73

1	Aug	12	(h)	Ipswich T	L 1-2	Law	51,459
2		15	(a)	Liverpool	L 0-2		54,799
3		19	(a)	Everton	L 0-2		52,348
4		23	(h)	Leicester C	D 1-1	Best	40,067
5		26	(h)	Arsenal	D 0-0		48,108
6		30	(h)	Chelsea	D 0-0		44,482
7	Sep	2	(a)	West Ham U	D 2-2	Best, Storey-Moore	31,939
8		9	(h)	Coventry C	L 0-1		37,073
9		16	(a)	Wolverhampton W	L 0-2		34,049
10		23	(h)	Derby Co	W 3-0	Davies, Morgan, Storey-Moore	48,255
11		30	(a)	Sheffield U	L 0-1		37,347
12	Oct	7	(a)	West Brom A	D 2-2	Best, Storey-Moore	39,209
13		14	(h)	Birmingham C	W 1-0	MacDougall	52,104
14		21	(a)	Newcastle U	L 1-2	Charlton	38,170
15		28	(h)	Tottenham H	L 1-4	Charlton	52,497
16	Nov	4	(a)	Leicester C	D 2-2	Best, Davies	32,575
17		11	(h)	Liverpool	W 2-0	Davies, MacDougall	53,944
18		18	(a)	Manchester C	L 0-3		52,050
19		25	(h)	Southampton	W 2-1	Davies, MacDougall	36,073
20	Dec	2	(a)	Norwich C	W 2-0	MacDougall, Storey-Moore	35,910
21		9	(h)	Stoke C	L 0-2		41,347
22		16	(a)	Crystal Palace	L 0-5		39,484
23		23	(h)	Leeds U	D 1-1	MacDougall	46,382
24		26	(a)	Derby Co	L 1-3	Storey-Moore	35,098
25	Jan	6	(a)	Arsenal	L 1-3	Kidd	51,194
26		20	(h)	West Ham U	D 2-2	Charlton, Macari	50,878
27		24	(h)	Everton	D 0-0		58,970
28		27	(a)	Coventry C	D 1-1	Holton	42,767
29	Feb	10	(h)	Wolverhampton W	W 2-1	Charlton 2	52,089
30		17	(a)	Ipswich T	L 1-4	Macari	31,918
31	Mar	3	(h)	West Brom A	W 2-1	Kidd, Macari	46,735
32		10	(a)	Birmingham C	L 1-3	Macari	51,278
33		17	(h)	Newcastle U	W 2-1	Holton, Martin	48,426
34		24	(a)	Tottenham H	D 1-1	Graham	49,751
35		31	(a)	Southampton	W 2-0	Charlton, Holton	23,161
36	Apr	7	(h)	Norwich C	W 1-0	Martin	48,593
37		11	(h)	Crystal Palace	W 2-0	Kidd, Morgan	46,891
38		14	(a)	Stoke C	D 2-2	Macari, Morgan	37,051
39		18	(a)	Leeds U	W 1-0	Anderson	45,450
40		21	(h)	Manchester C	D 0-0		61,676
41		23	(h)	Sheffield U	L 1-2	Kidd	57,280
42		28	(a)	Chelsea	L 0-1		44,184

FINAL LEAGUE POSITION : 18th in Division One

Appearances

Sub. Appearances

Goals

Stepney	O'Neill	Dunne	Morgan	James	Buchan	Best	Kidd	Charlton	Law	Storey-Moore	McIlroy	Young	Sadler	Fitzpatrick	Donald	Davies W	MacDougall	Watson	Edwards	Graham	Forsyth	Holton	Macari	Martin	Rimmer	Anderson	Fletcher	Sidebottom	
1	2	3	4	5	6	7	8	9*	10	11	12																		1
1	2	3	7	5	6	10	8*	9		11	12	4																	2
1	2	3	7	5*	4	10	9			11	12		6	8															3
1	2	3	7	5	4	10	12			11	9*		6	8															4
1	2	3	7	5	4	10				11	9	8	6																5
1	2	3	7	5	4	10		12	9	11*			6	8															6
1	2	3	7	5	4	10		9	8*	11	12		6																7
1	2			5	3	10		9	8*	11	7	12	6	4															8
1	3			5	2	10	12	9		11	8	7	6*	4															9
1		3	7	5	6	10		9		11		4			2	8													10
1		3	7	5	6	10		9		11*	12	4			2	5													11
1		3	7	5	6	10				11		4			2	9	8												12
1		3	7		6	10				11		4	5			9	8	2											13
1		3	7		6	10		12		11*		4	5			9	8	2											14
1		3	7		6	10		11	4				5			9	8	2											15
1		3	4		6	7		10		11			5		2	9	8												16
1	2	3*	4		6	7		9		11	12		5			10	8												17
1	2	3	4*		6	7	12	9		11			5			10	8												18
1	2	3	4		6	7		9		11						10	8	5											19
1	2	3	4		6			9		11		7	5			10	8												20
1	2	3	7		6			9	12	11		4*	5			10	8												21
1	2	3*	7		6		9		12	11		4	5			10	8												22
1	2	3	7		6		12	9	4*	11			5			10	8												23
1	2	3*	7		6		4	9		11		12	5			10	8												24
1			7		6		8	9	10	11		2	5						4	3									25
1			7		6			9	4*			2				12	8		11	3	5	10							26
1			7		6		12	9				2					8*		11	3	5	10	4						27
1			7		6			9				2					8		4	3	5	10	11						28
1			7		6			9				2					8		4	3	5	10	11						29
1		3			6		11	9									8		4	2	5	10	7						30
1			7	5	6		8	9		11*		2							4	3		10	12						31
			7	5	6		8	9		11*		2							4	3		10	12	1					32
			7	3	6		8	9				2							4		5	10	11	1					33
			7	3	6		8	9				2							4		5	10	11	1					34
			7	3	6		8*	9				2							4		5	10	11	1	12				35
1			7	3	6		8*	9	10			2							4		5		11		12				36
1			7	3	6		8*	9				2							4		5	10	11		12				37
1			7	3	6			9				2							4		5	10	11		8*	12			38
1			7	3	6			9				2							4		5	10	11		8*	12			39
			7	3*	6		8	9				2							4		5	10	11		12				40
1			7		6		8	9				2							4		5	10	11				3		41
1			7		6		8*	9				2							4		5	10	11		12		3		42
38	16	24	39	22	42	19	17	34	9	26	4	28	19	5	4	15	18	3	1	18	8	15	16	14	4	2	2		
							5	2	2		6	2				1							2		5	2			
		3			4	4	6	1	5				4	5			1		3	5	2		1						

23

1973-74

1	Aug	25	(a)	Arsenal	L	0-3		51,501
2		29	(h)	Stoke C	W	1-0	James	43,614
3	Sep	1	(h)	QPR	W	2-1	Holton, McIlroy	44,156
4		5	(a)	Leicester C	L	0-1		29,152
5		8	(a)	Ipswich T	L	1-2	Anderson	22,023
6		12	(h)	Leicester C	L	1-2	Stepney	40,793
7		15	(h)	West Ham U	W	3-1	Kidd 2, Storey-Moore	44,757
8		22	(a)	Leeds U	D	0-0		47,058
9		29	(h)	Liverpool	D	0-0		53,882
10	Oct	6	(a)	Wolverhampton W	L	1-2	McIlroy	32,962
11		13	(h)	Derby Co	L	0-1		43,724
12		20	(h)	Birmingham C	W	1-0	Stepney	48,937
13		27	(a)	Burnley	D	0-0		31,976
14	Nov	3	(h)	Chelsea	D	2-2	Greenhoff, Young	48,036
15		10	(a)	Tottenham H	L	1-2	Best	42,756
16		17	(a)	Newcastle U	L	2-3	Graham, Macari	41,768
17		24	(h)	Norwich C	D	0-0		36,338
18	Dec	8	(h)	Southampton	D	0-0		31,648
19		15	(h)	Coventry C	L	2-3	Best, Morgan	28,589
20		22	(a)	Liverpool	L	0-2		40,420
21		26	(h)	Sheffield U	L	1-2	Macari	38,653
22		29	(h)	Ipswich T	W	2-0	Macari, McIlroy	36,365
23	Jan	1	(a)	QPR	L	0-3		32,339
24		12	(a)	West Ham U	L	1-2	McIlroy	34,147
25		19	(h)	Arsenal	D	1-1	James	38,589
26	Feb	2	(a)	Coventry C	L	0-1		25,313
27		9	(h)	Leeds U	L	0-2		60,025
28		16	(a)	Derby Co	D	2-2	Greenhoff, Houston	29,987
29		23	(h)	Wolverhampton W	D	0-0		39,260
30	Mar	2	(a)	Sheffield U	W	1-0	Macari	29,203
31		13	(a)	Manchester C	D	0-0		51,331
32		16	(a)	Birmingham C	L	0-1		37,768
33		23	(h)	Tottenham H	L	0-1		36,278
34		30	(a)	Chelsea	W	3-1	Daly, McIlroy, Morgan	29,602
35	Apr	3	(h)	Burnley	D	3-3	Forsyth, Holton, McIlroy	33,336
36		6	(a)	Norwich C	W	2-0	Greenhoff, Macari	28,223
37		13	(h)	Newcastle U	W	1-0	McCalliog	44,751
38		15	(h)	Everton	W	3-0	McCalliog 2, Houston	48,424
39		20	(a)	Southampton	D	1-1	McCalliog	30,789
40		23	(a)	Everton	L	0-1		46,093
41		27	(h)	Manchester C	L	0-1		56,996
42		29	(a)	Stoke C	L	0-1		27,392

FINAL LEAGUE POSITION : 21st in Division One

Appearances
Sub. Appearances
Goals

Stepney	Young	Buchan	Daly	Holton	James	Morgan	Anderson	Macari	Graham	Martin	McIlroy	Fletcher	Sidebottom	Sadler	Kidd	Greenhoff B	Storey-Moore	Buchan G	Forsyth	Best	Griffiths	Houston	Bielby	McCalliog	
1	2	3	4*	5	6	7	8	9	10	11	12														1
1	2	3		5	6*	7	8	9	10	4	11	12													2
1	2	3		5		7	8	9	10	4*	11	12	6												3
1	2	3	4*	5		7	8		10	12	11			6	9										4
1	2	3	4			7	8	12	10		11			5	9*	6									5
1	3	2		5	6	7	8	9	10	4						11									6
1	3	2	5*	6	7	9			10	4				8		11	12								7
1	3	2		5	6	7	8	9*	11					10	4		12								8
1	3	2		5	6	7	8	9	11*					10	4		12								9
1	3	2		5	6	7	8*	9	11		12			10	4										10
1	8	2		5	6	7	10		11					9	4			3							11
1	3	2		5	6	7		9	10	12				8	4			11*							12
1	3	2			5	7		9	10				12	8*	4				11	6					13
1	3	2			5	7		8	10					9	4				11	6					14
1	3	2		5	6	7		8	10					9	4				11						15
1	3	2		5	6	7		8	10					9	4				11						16
1	3	2		5	6	7*		8	10			12		9	4				11						17
1	8	2			5	7	12			10				9*	4			3	11	6					18
1	10	2			5*	7		8		12	9				4			3	11	6					19
1	3	2				7		8	10		12		5	9*	4				11	6					20
1	2	6		5		7		8	10		9				4				11	3					21
1	2	6		5		7		8	10		9				4				11	3					22
1	2	6		5		7		8	10		9				4				11		3				23
1	10	6		5		7		8	11		12				9*	4			2		3				24
1	10	2		5	6	7		8		11	9				4						3				25
1	11	2		5	6	7		8		9*				10	4			12			3				26
1	10	2		5	6	7		8			12			9	4			11*			3				27
1		6	12	5		7*		10			11	8		9	4			2			3				28
1		6	12	5		7		10			11*	8		9	4			2			3				29
1		6	10	5		7		8		11	9				4			2			3				30
1		6	10	5		7		8	12	4*					9			2			3	11			31
1		6		5				8	10	4					9			2			3	11	7		32
1		6	11		5	7			8					10	9*	4		2			3	12	10		33
1		6	4		5*	7			11	8					9			2			3	12	10		34
1		6	4	5		7			11	8					9			2			3		10		35
1		6	11	5		7	8			9					4			2			3		10		36
1		6	8	5		7		10		11					4			2			3		9		37
1	2	6	11	5		7		8	12	9*					4						3		10		38
1	2	6	11	5		7		8		9					4						3		10		39
1		6	11	5		7		8		9					4			2			3		10		40
1		6	11	5		7		8		9					4			2			3		10		41
1		6		5		7		8		11	9				4			2			3		10		42
42	29	42	14	34	21	41	11	34	23	12	24	2	2	21	36	2		18	12	7	20	2	11		
				2			1	1	1	4	5	3		1			3	1			2				
2	1		1	2	2	2	1	5	1		6			2	3	1		1	2		2		4		

25

1974-75

1	Aug	17	(a)	Orient	W	2-0	Houston, Morgan	17,772
2		24	(h)	Millwall	W	4-0	Daly 3, Pearson	44,756
3		28	(h)	Portsmouth	W	2-1	Daly, McIlroy	42,547
4		31	(a)	Cardiff C	W	1-0	Daly	22,344
5	Sep	7	(h)	Nottingham F	D	2-2	Greenhoff, McIlroy	40,671
6		14	(a)	West Brom A	D	1-1	Pearson	23,721
7		16	(a)	Millwall	W	1-0	Daly	16,988
8		21	(h)	Bristol R	W	2-0	Greenhoff, Prince (og)	42,948
9		25	(h)	Bolton W	W	3-0	Houston, Macari, McAllister (og)	47,084
10		28	(a)	Norwich C	L	0-2		24,586
11	Oct	5	(a)	Fulham	W	2-1	Pearson 2	26,513
12		12	(h)	Notts Co	W	1-0	McIlroy	46,565
13		15	(a)	Portsmouth	D	0-0		25,608
14		19	(h)	Blackpool	W	3-0	Forsyth, Macari, McCalliog	25,370
15		26	(h)	Southampton	W	1-0	Pearson	48,724
16	Nov	2	(h)	Oxford U	W	4-0	Pearson 3, Macari	41,909
17		9	(a)	Bristol C	L	0-1		28,104
18		16	(h)	Aston Villa	W	2-1	Daly 2	55,615
19		23	(a)	Hull C	L	0-2		23,287
20		30	(h)	Sunderland	W	3-2	McIlroy, Morgan, Pearson	60,585
21	Dec	7	(a)	Sheffield W	D	4-4	Macari 2, Houston, Pearson	35,230
22		14	(h)	Orient	D	0-0		41,200
23		21	(a)	York C	W	1-0	Pearson	15,567
24		26	(h)	West Brom A	W	2-1	Daly, McIlroy	51,104
25		28	(a)	Oldham Ath	L	0-1		26,384
26	Jan	11	(h)	Sheffield W	W	2-0	McCalliog 2	45,662
27		18	(a)	Sunderland	D	0-0		45,976
28	Feb	1	(h)	Bristol C	L	0-1		47,118
29		8	(a)	Oxford U	L	0-1		15,959
30		15	(h)	Hull C	W	2-0	Houston, Pearson	44,712
31		22	(a)	Aston Villa	L	0-2		39,156
32	Mar	1	(h)	Cardiff C	W	4-0	Houston, McIlroy, Macari, Pearson	43,601
33		8	(a)	Bolton W	W	1-0	Pearson	38,152
34		15	(h)	Norwich C	D	1-1	Pearson	56,202
35		22	(a)	Nottingham F	W	1-0	Daly	21,893
36		28	(a)	Bristol R	D	1-1	Macari	19,337
37		29	(h)	York C	W	2-1	Macari, Morgan	46,802
38		31	(h)	Oldham Ath	W	3-2	Coppell, Macari, McIlroy	56,618
39	Apr	5	(a)	Southampton	W	1-0	Macari	21,866
40		12	(h)	Fulham	W	1-0	Daly	52,971
41		19	(a)	Notts Co	D	2-2	Greenhoff, Houston	17,320
42		26	(h)	Blackpool	W	4-0	Pearson 2, Greenhoff, Macari	58,769

FINAL LEAGUE POSITION : 1st in Division Two

Appearances
Sub. Appearances
Goals

26

Stepney	Forsyth	Houston	Greenhoff	Holton	Buchan M	Morgan	Macari	Pearson	McCalliog	Daly	McIlroy	Martin	Young	Sidebottom	Albiston	McCreery	Graham	Davies R	James	Baldwin	Roche	Coppell	Nicholl	
1	2	3	4	5	6	7	8*	9	10	11	12													1
1	2	3	4	5	6	7		9		11	8	10												2
1	2	3	4	5	6	7		9		11	8	10												3
1	2	3	4	5	6	7		9*		11	8	10	12											4
1	2	3	4*	5	6	7	12		10	11	8	9												5
1	2	3	12	5	6	7		9	10	11	8	4*												6
1	2	3	4		6	7	9		10	11*	8		12	5										7
1	2	3	4	5	6	7	9		10*	11	8		12											8
1	2	3	4		6	7	9		10	11	8			5										9
1	2	3	4		6	7*	9		10	11	8		12	5										10
1	2	3	4	5	6	7	12	9	10	11*	8													11
1	2	3	4	5		7	9		10*	11	8		12											12
1	2		4	5	6	7*	9		10	11	8				3	12								13
1	2	3	4	5	6	7	9		10	11*	8				12									14
1	2	3	4	5	6	7*	9	12	10	11	8													15
1	2	3	4*		6	12	7	9	10	11	8			5										16
1	2	3	4		6		7	9	10	11*	8			5		12								17
1	2	3	12		6	7	4	9*	10	11	8			5										18
1	2	3	9		6	7	4		10	11	8			5										19
1	2	3	4*	5	6	7	10	9		11	8						12							20
1	2	3	4	5*	6	7	10	9	11		8						12							21
1	2	3	4*		6	7	10	9		11	8			5			12							22
1		3	4		6	7	10	9		11	8		2	5*			12							23
1		3	4		6	7	10	9		11	8		2	5										24
1			4*		6	7	10	9		11	8		2	5	3		12							25
1	2	3	4		6	7*	10	9	11	12	8							5						26
1	2	3	4		6	7	10		11		8							5	9					27
1	2	3			6	7	10		11	4*	8		12					5	9					28
	2	3	4		6	7*	10	9			8		11				12	5	1					29
	2	3	4		6		10	9		8	11	7					12	5*	1					30
1	2	3	4		6		10	9		8	11*	7	5				12							31
1	2	3	4		6	7*	10	9		11	8							5		12				32
1	2	3*	4		6		10	9		11	8		12					5		7				33
1	2	3	4		6		10	9		11	8		12					5		7*				34
1	2	3	4		6		10	9		11	8							5		7				35
1	2	3	4		6	12	10	9		11	8							5*		7				36
1	2	3	5		6	4	10	9		11	8									7				37
1	2	3	5		6	4	10	9		11*	8	12								7				38
1	2	3	5		6*	7	10	9		11	8		4								12			39
1	2	3	4		6		10	9		11	8							5		7				40
1	2	3	4		6		10	9		11	8							5		7				41
1	2	3	4		6		10	9		11	8							5		7				42
40	39	40	39	14	41	32	36	30	20	36	41	7	7	12	2		13	2	2	9				
			2			2	2	1		1	1	1	8			2	1	5			1	1		
		1	6	4		3	11	17	3	11	7									1				

1975-76

1	Aug	16	(a)	Wolves	W	2-0	Macari 2	32,348
2		19	(a)	Brimingham C	W	2-0	McIlroy 2	33,177
3		23	(h)	Sheffeild U	W	5-1	Pearson 2, Daly, McIlroy, Badger (og)	55,949
4		27	(h)	Coventry C	D	1-1	Pearson	52,169
5		30	(a)	Stoke C	W	1-0	Dodd (og)	33,092
6	Sep	6	(h)	Tottenham H	W	3-2	Daly 2, Pratt (og)	51,641
7		13	(a)	Q. P. R.	L	0-1		29,237
8		20	(h)	Ipswich T	W	1-0	Houston	50,513
9		24	(a)	Derby C	L	1-2	Daly	33,187
10		27	(a)	Manchester C	D	2-2	Macari, McCreery	46,931
11	Oct	4	(h)	Leicester C	D	0-0		47,878
12		11	(a)	Leeds U	W	2-1	McIlroy 2	40,264
13		18	(h)	Arsenal	W	3-1	Coppell 2, Peason	53,885
14		25	(a)	West Ham U	L	1-2	Macari	38,528
15	Nov	1	(h)	Norwich C	W	1-0	Pearson	50,587
16		8	(a)	Liverpool	L	1-3	Coppell	49,136
17		15	(h)	Aston Villa	W	2-0	Coppell, McIlroy	51,682
18		22	(a)	Arsenal	L	1-3	Pearson	40,102
19		29	(h)	Newcastle U	W	1-0	Daly	52,624
20	Dec	6	(a)	Middlesbrough	D	0-0		32,454
21		13	(a)	Sheffield U	W	4-1	Pearson 2, Hill, Macari	31,741
22		20	(h)	Wolves	W	1-0	Hill	44,269
23		23	(a)	Everton	D	1-1	Macari	41,732
24		27	(h)	Burnley	W	2-1	Macari, McIlroy	59,726
25	Jan	10	(h)	Q. P. R.	W	2-1	Hill, McIlroy	58,312
26		17	(a)	Tottenham H	D	1-1	Hill	49,189
27		31	(h)	Brimingham C	W	3-1	Forsyth, Macari, McIlroy	50,724
28	Feb	7	(a)	Coventry C	D	1-1	Macari	33,922
29		18	(h)	Liverpool	D	0-0		59,709
30		21	(a)	Aston Villa	L	1-2	Macari	50,094
31		25	(h)	Derby C	D	1-1	Pearson	59,632
32		28	(h)	West Ham U	W	4-0	Forsyth, Macari, McCreery, Pearson	57,220
33	Mar	13	(a)	Leeds U	W	3-2	Daly, Houston, Pearson	59,429
34		17	(a)	Norwich C	D	1-1	Hill	27,787
35		20	(a)	Newcastle U	W	4-3	Pearson 2, Bird (og), Howard (og)	45,043
36		27	(h)	Middlesbrough	W	3-0	Daly, Hill, McCreery	58,527
37	Apr	10	(a)	Ipswich T	L	0-3		34,886
38		17	(h)	Everton	W	2-1	McCreery, Kenyon (og)	61,879
39		19	(a)	Burnley	W	1-0	Macari	27,418
40		21	(h)	Stoke C	L	0-1		53,879
41		24	(a)	Leicester C	L	1-2	Coyne	31,053
42	May	4	(h)	Manchester C	W	2-0	Hill, McIlroy	59,517

FINAL LEAGUE POSITION : 3rd in Division One

Appearances

Sub. Appearances

Goals

Stepney	Forsyth	Houston	Jackson	Greenhoff B	Buchan	Coppell	McIlroy	Pearson	Macari	Daly	Nicholl	McCreery	Young A	Albiston	Grimshaw	Roche	Hill	Keily	Coyne								
1	2	3	4	5	6	7	8	9*	10	11	12																1
1	2	3	4	5*	6	7	8		10	11	12	9															2
1	2*	3	4	5	6	7	8	9	10	11	12																3
1	2	3	4	5	6	7	8	9	10	11																	4
1	2	3	4	5	6	7	8	9	10	11																	5
1		3	4	5	6	7	8	9	10	11	2																6
1		3	4*		6	7	8	9	10	11	2		12	5													7
1		3		5	6	7	8	9	10	11	2	4															8
1		3		5	6	7	8	9	10	11	2	4															9
1		3		5	6	7	8	9	10	11	2	4															10
1		3	4*	5	6	7	8	9	10	11	2	12															11
1		3	4	5	6	7	8	9	10	11	2				12												12
1		3*	4	5	6	7	8	9	10	11	2																13
1		3	4	5	6	7	8	9	10	11*	2	12															14
		3	4	5	6	7	8	9	10	11	2					1											15
		3	4*	5	6	7	8	9	10	11	2	12				1											16
		3		5	6	7	8*	9	10	11	2	12				1	11										17
		3		5	6	7	8*	9	10	4	2	12				1	11										18
1		3		5	6	7	8	9*	10	4	2	12					11										19
1	2*	3		5	6	7	8	9	10	4	12						11										20
1	2	3		5	6	7	8*	9	10	4		12					11										21
1	2	3		5*	6	7	8	9	10	4							11	12									22
1	2	3		5	6	7	8	9	10	4							11										23
1	2	3		5	6	7	8	9*	10	4		12					11										24
1	2	3		5	6	7	8	9	10	4							11										25
1	2	3		5	6	7	8*	9	10	4		12					11										26
1	2	3		5	6	7	8	9*	10	4		12					11										27
1	2	3		5	6	7	8	9*	10	4		12					11										28
1	2	3		5	6	7	8*	9	10	4		12					11										29
1	2	3		5	6	7	8	9*	10	4							11	12									30
1	2	3		5	6	7	8	9	10	4		12					11*										31
1	2	3		5	6	7	8*	9	10	4		12					11										32
1	2	3		5	6	7	8	9		4		10					11										33
1	2	3		5	6	7	8	9		4		10					11										34
1	2	3		5	6	7	8	9		4		10					11										35
1	2	3		5	6	7	8	9		4		10					11										36
1	2	3		5	6	7	8	9		4		10					11										37
1	2	3		5	6	7*	8	9	10	4		12					11										38
1	2	3	12	5	6		8	9*	10	4		7					11										39
1	2	3	7*	5	6		8		10	4	12	9					11										40
1	2	3*	7	5	6				10		4	8		12			11		9								41
1	2	3	10		6		8	9*		4		12		5			11										42
38	28	42	16	40	42	39	41	39	36	41	15	12		2		4	26		1								
					1						5	16	1	1	1			1	1								
	2	2				4	10	13	12	7		4					7		1								

1976-77

1	Aug	21	(h)	Brimnigham C	D 2-2	Coppell, Pearson	58,898
2		24	(a)	Coventry C	W 2-0	Hill, Macari	26,775
3		28	(a)	Derby C	D 0-0		30,054
4	Sep	4	(h)	Tottenham H	L 2-3	Coppell, Pearson	60,723
5		11	(a)	Newcastle U	D 2-2	B. Greenhoff, Pearson	39,037
6		18	(h)	Middlebrough	W 2-0	Pearson, Mcandrew (og)	56,712
7		25	(a)	Manchester C	W 3-1	Coppell, Daly, McCreery	48,861
8	Oct	2	(a)	Ledds U	W 2-0	Coppell, Daly	44,512
9		46	(a)	West Brom A	L 0-4		36,615
10		23	(h)	Norwich C	D 2-2	Daly, Hill	54,356
11		30	(h)	Ipswich T	L 0-1		57,416
12	Nov	6	(a)	Aston Villa	L 2-3	Hill, Pearson	44,789
13		10	(h)	Sunderland	D 3-3	B. Greenhoff, Hill, Pearson	42,685
14		20	(a)	Leicester C	D 1-1	Daly	26,421
15		27	(h)	West Ham U	L 0-2		55,366
16	Dec	18	(a)	Arsenal	L 1-3	McIlroy	39,572
17		27	(h)	Everton	W 4-0	J. Greenhoff, Hill, Macari, Pearson	56,786
18	Jan	1	(h)	Aston Villa	W 2-0	Pearson 2	55,446
19		3	(a)	Ipswich T	L 1-2	Pearson	30,105
20		15	(h)	Coventry C	W 2-0	Macari 2	46,567
21		19	(h)	Bristol C	W 2-1	B. Greenhoff, Pearson	43,051
22		22	(a)	Brimingham C	W 3-2	J. Greenhoff, Houston, Pearson	35,316
23	Feb	5	(a)	Derby C	W 3-1	Houston, Macari, Powell (og)	54,044
24		12	(a)	Tottenham H	W 3-1	Hill, Macari, McIlroy	46,946
25		16	(h)	Liverpool	D 0-0		57,487
26		19	(h)	Newcastle U	W 3-1	J. Greenhoff	51,828
27	Mar	5	(h)	Manchester C	W 3-1	Coppell, Hill, Pearson	58,595
28		12	(h)	Leeds U	W 1-0	Cherry (og)	60,612
29		23	(h)	West Brom A	D 2-2	Coppell, Hill	51,053
30	Apr	2	(a)	Norwich C	L 1-2	Powell (og)	24,161
31		5	(a)	Everton	W 2-1	Hill 2	38,216
32		9	(h)	Stoke C	W 3-0	Houston, Macari, Pearson	53,102
33		11	(a)	Sunderland	L 1-2	Hill	38,785
34		16	(h)	Leicester C	D 1-1	J. Greenhoff	49,161
35		19	(a)	Q. P. R.	L 0-4		28,848
36		26	(a)	Middlebrough	L 0-3		21,744
37		30	(h)	Q. P. R.	W 1-0	Macari	50,788
38	May	3	(a)	Liverpool	L 0-1		53,046
39		7	(a)	Bristol C	D 1-1	J. Greenhoff	28,864
40		10	(a)	Stoke C	D 3-3	Hill 2, McCreery	24,204
41		14	(h)	Arsenal	W 3-2	J. Greenhoff, Hill, Macari	53,232
42		16	(a)	West Ham U	L 2-4	Hill, Pearson	29,904

FINAL LEAGUE POSITION : 6th in Division One

Appearances
Sub. Appearances
Goals

Stepney	Nicholl	Houston	Daly	Greenhoff B	Buchan	Coppell	McIlroy	Pearson	Macari	Hill	Foggon	McCreery	Waldron	McGrath	Albiston	Roche	Paterson	Clark	Greenhoff J	Forsyth	Jackson							
1	2	3	4*	5	6	7	8	9	10	11	12																	1
1	2	3	4	5	6	7	8	9	10	11																		2
1	2	3	4	5	6	7	8	9	10	11																		3
1	2	3	4	5	6	7	8*	9	10	11	12																	4
1	2	3	4	5	6	7	8	9	10	11*	12																	5
1	2	3	4*	5	6	7	8	9	10	11	12																	6
1	2	3	4	5	6	7	8	9*	10	11	12																	7
1	2	3	4	5	6	7	8	9*	10	11	12																	8
1	2	3	4	5		7	8	9	10*	11		12	6															9
1	2	3	4	5		7	8*	9	10	11		6	12															10
1	2	6	4	5		7	8	9	10*	11		12		3														11
1	2	6	4	5		10	8	9		11				7	3													12
	3		4	5		7		9	10	11		6*		2	1	5	12											13
1	2		4	5		7	8	9		11				3		6		10										14
1		6	4	5		7	8	9		11				3				10	2									15
1		3		5*	6		4	9	10	11		7		12				8	2									16
1	2	3		5	6	7*	4	9	10	11		12						8										17
1	2	3		5	6	7	4	9*	10	11		12						8										18
1	2			5	6		4	9*	10	11		7		12	3			8										19
1	2	3		5	6	7	4	9	10	11*		12						8										20
1	2	3		5	6	7	4	9	10	11								8										21
1	2	3	12	5	6	7	4	9	10	11*								8										22
1	2	3	11	5	6	7	4	9	10									8										23
1	2	3		5	6	7	4	9	10	11								8										24
1	2	3		5	6	7	4	9	10	11								8										25
1	2	3		5	6	7	4	9	10	11*				12				8										26
1	2	3		5	6	7	4	9	10	11*		12						8										27
1	2	3		5	6	7	4	9	10	11*		12						8										28
1	2	5			6	7	4*	9	10			12			3			8										29
1	2	3		5	6	7	4		10	11*		9	12					8										30
1	2	3		5	6	7	4	9		11*		10		12				8										31
1	2	3		5	6	7	4	9	10	11		12						8*										32
1	2	3		5	6	7	4	9	10*	11		8		12														33
1	2			5	6	7	4	9	10	12		11*		3				8										34
1	2	6		5*		7	4	9	10			11		3				8	12									35
1	2	3		5	6	7	4	9	10	11								8										36
1	2	3		5	6	7	4	9	10	11*		12						8										37
1	2	3				7	4	9	10	11		12		6				8*	5									38
1	2	3*		5	6	7	12		10			9			11			8		4								39
1	2			5	6	7			10	11		8		9	3					4								40
1	2			5	6	7	4	9*	10	11		12		3				8										41
	2			5	6	7	4	9	10	11		12			3	1		8*										42
40	39	36	16	40	33	40	39	39	38	38		9	3	2	14	2	2	27	3	2								
			1			1				1	3	16	4	3			1		1									
		3	4	3		6	2	15	9	15		2						8										

31

1977-78

#	Month	Date	H/A	Opponent	Result	Score	Scorers	Attendance
1	Aug	20	(a)	Brmingham C	W	4-1	Macari 3, Hill	28,005
2		24	(h)	Coventry C	W	2-1	Hill, McCreery	55,726
3		27	(h)	Ipswich T	D	0-0		57,904
4	Sep	3	(a)	Derby C	W	1-0	Macari	21,279
5		10	(a)	Manchester C	L	1-3	Nicholl	50,856
6		17	(h)	Chelsea	L	0-1		54,951
7		24	(a)	Leeds U	D	1-1	Hill	33,507
8	Oct	1	(h)	Liverpool	W	2-0	Macari, McIlroy	55,089
9		8	(a)	Middlesbrough	L	1-2	Coppell	26,822
10		15	(h)	Newcastle U	W	3-2	Coppell, Greenhoff J, Macari	55,056
11		22	(a)	West Brom A	L	0-1		27,526
12		29	(a)	Aston Villa	L	1-2	Nicholl	39,144
13	Nov	5	(h)	Arsenal	L	1-2	Hill	53,055
14		12	(a)	Nottimgham F	L	1-2	Pearson	30,183
15		19	(h)	Norwich C	W	1-0	Pearson	48,729
16		26	(a)	Q. P. R.	D	2-2	Hill 2	25,367
17	Dec	3	(h)	Wolves	W	3-1	Greenhoff J, McIlroy, Pearson	48,874
18		10	(a)	West Ham U	L	1-2	McGrath	20,242
19		17	(h)	Nottingham F	L	0-4		54,374
20		26	(a)	Everton	W	6-2	Macari 2, Coppell, Greenhoff, Hill, McIlroy	48,335
21		27	(h)	Leicester C	W	3-1	Coppell, J. Greenhoff, Hill	57,396
22		31	(a)	Coventry C	L	0-3		24,706
23	Jan	2	(h)	Birmingham C	L	1-2	Greenhoff J	53,501
24		14	(a)	Ipswich T	W	2-1	McIlroy, Pearson	23,321
25		21	(h)	Derby C	W	4-0	Hill 2, Buchan, Pearson	57,115
26	Feb	8	(h)	Bristol C	D	1-1	Hill	43,457
27		11	(a)	Chelsea	D	2-2	Hill, McIlroy	32,849
28		25	(a)	Liverpool	L	1-3	McIlroy	49,094
29	Mar	1	(h)	Leeds U	L	0-1		49,101
30		4	(h)	Middlesbrough	D	0-0		46,332
31		11	(a)	Newcastle U	D	2-2	Hill, Jordon	25,825
32		15	(h)	Manchester C	D	2-2	Hill 2	58,398
33		18	(h)	West Brom A	D	1-1	McQueen	46,329
34		25	(h)	Leicester C	W	3-2	Greenhoff J, Hill, Pearson	20,299
35		28	(h)	Everton	L	1-2	Hill	55,277
36		29	(h)	Aston Villla	D	1-1	McIlroy	41,625
37	Apr	1	(a)	Arsenal	L	1-3	Jordan	40,829
38		8	(h)	Q. P. R.	W	3-1	Pearson 2, Grimes	42,677
39		15	(a)	Norwich C	W	3-1	Coppell, Jordon, McIlroy	19,778
40		22	(h)	West Ham U	W	3-0	Grimes, McIlroy, Pearson	54,089
41		25	(a)	Bristol C	W	1-0	Pearson	26,035
42		29	(a)	Wolves	L	1-2	Greenhoff J	24,774

FINAL LEAGUE POSITION : 10th in Division One

Appearances

Sub. Appearances

Goals

Stepney	Nicholl	Albiston	McIlroy	Greenhoff B	Buchan	Coppell	McCreery	Pearson	Macari	Hill	Grimes	McGrath	Forsyth	Houston	Greenhoff J	Rodgers	Roche	Ritchie	Jordan	McQueen		
1	2	3	4	5	6	7	8	9*	10	11	12											1
1	2	3	4	5	6	7	8	9	10	11												2
1	2	3	4*	5	6	9	8		10	11	12	7										3
1	5	3	4		6	7	8	9	10	11			2									4
1	5	3	4		6	7	8	9	10*	11		12	2									5
1	2	3	4	5	6*	7	8	9	10	11		12										6
1	2	3	4	5		8		9	10	11		7		6								7
1	2	3	4	5	6	8			10	11		7			9							8
1	2	3		5	6	9	4		10	11		7			8							9
1	2	3	4		6	9			10	11		7		5	8							10
1	5		4		6	7	8*	9	10	11		12	2			3						11
1	2	3	4		6	8	10	9		11*	12	7		5								12
1	2	3	4		6	8	10	9		11	12	7*		5								13
	2		4	5	6	8	10	9		11		7		3			1					14
	2		4*	5	6	7	12	9	10	11				3	8		1					15
	2			5	6	7		9	10*	11	4	12		3	8		1					16
	2	3	4	5		7		9		11	10*	12		6	8		1					17
	2	3		5		4		9		11	10	7		6	8		1					18
	2		4	5	6	7		9*	10	11	12			3	8		1					19
	2		4	5*	6	7			10	11	12			3	8		1	9				20
	2	3	4		6	7			10	11				5	8		1	9				21
	2		4	5	6	7			10	11		12		3*	8		1	9				22
	2	3	4	5	6	7			10	11					8		1	9				23
	2	3	4		6	7		9	10	11				5	8		1					24
	2	3	4		6	7		9	10	11				5	8		1					25
	2	3	4		6*	7		9	10	11				5	12		1		8			26
	2	3	4	6		7		9	10	11				5			1		8			27
	2	3	4			7		9	10	11*		12		6			1		8	5		28
	2	3	4	5		7			10	11				6	8		1	9				29
	2		4	6		7			10	11				3	8		1	9	5			30
	2		4	6		7			10	11				3	8		1	9	5			31
1	2	12	4	6		7			10	11				3	8			9*	5			32
1	2		4	6		7		9	10	11*		12		3	8				5			33
1	2		4	6		7		9	10	11				3	8				5			34
1	2	3	4	6		7		9	10	11					8				5			35
1			4	2	6	7	12	9	10					3	8*			11	5			36
1			4	2	6	7	12	9	10	11*				3				8	5			37
1			4	2	6	7	11	9				10		3				8	5			38
1		2	4	10	6	7	11*	9					12	3				8	5			39
1		2	4	11	6	7		9		10				3				8	5			40
	6	2	4	11		7		9		10				3			1	8	5			41
1	6	2	4	10*		7	12	9		11				3				8	5			42
23	37	27	39	31	28	42	13	30	32	36	7	9	3	31	22	1	19	4	14	14		
			1				4				6	9			1							
	2		9	1	1	5	1	10	8	17	2	1		6			3	1				

33

1978-79

1	Aug	19	(h)	Birmingham C	W 1-0	Jordan	56,139
2		23	(a)	Leeds U	W 3-2	Macari, McIlroy, McQueen	36,845
3		26	(a)	Ipswich T	L 0-3		21,802
4	Sep	2	(h)	Everton	D 1-1	Buchan	53,982
5		9	(a)	Q. P. R.	D 1-1	Greenhoff J	23,477
6		16	(h)	Nottingham F	D 1-1	Greenhoff J	53,039
7		23	(a)	Arsenal	D 1-1	Coppell	45,393
8		30	(h)	Manchester C	W 1-0	Jordan	55,301
9	Oct	7	(h)	Middlesbrough	W 3-2	Macari 2, Jordan	45,402
10		14	(a)	Aston Villa	D 2-2	Macari, McIlroy	36,204
11		21	(h)	Bristol C	L 1-3	Greenhoff J	47,211
12		28	(a)	Wolves	W 4-2	Greenhoff J 2, Greenhoff B, Jordan	23,141
13	Nov	4	(h)	Southampton	D 1-1	Greenhoff J	46,259
14		11	(a)	Birmingham C	L 1-5	Jordan	23,550
15		18	(h)	Ipswich T	W 2-0	Coppell, Greenhoff J	42,109
16		21	(a)	Everton	L 0-3		42,126
17		25	(a)	Chelsea	W 1-0	Greenhoff J	28,163
18	Dec	9	(a)	Derby Co	W 3-1	Ritchie 2, Greenhoff J	23,180
19		16	(h)	Tottenham H	W 2-0	McIlroy, Ritchie	52,026
20		22	(a)	Bolton W	L 0-3		32,390
21		26	(h)	Liverpool	L 0-3		54,910
22		30	(h)	West Brom A	L 3-5	Greenhoff B, McIlroy, McQueen	45,091
23	Feb	3	(h)	Arsenal	L 0-2		45,460
24		10	(a)	Manchester C	W 3-0	Coppell 2, Ritchie	46,151
25		24	(h)	Aston Villa	D 1-1	Greenhoff J	44,437
26		28	(h)	Q. P. R.	W 2-0	Coppell, Greenhoff J	36,085
27	Mar	2	(a)	Bristol C	W 2-1	McQueen, Ritchie	24,583
28		20	(a)	Coventry C	L 3-4	Coppell 2, McIlroy	25,382
29		24	(h)	Leeds U	W 4-1	Ritchie 3, Thomas	51,191
30		27	(a)	Middlesbrough	D 2-2	Coppell, McQueen	20,138
31	Apr	7	(a)	Norwich C	D 2-2	Macari, McQueen	19,382
32		11	(h)	Bolton W	L 1-2	Buchan	49,617
33		14	(a)	Liverpool	L 0-2		46,608
34		16	(h)	Coventry C	D 0-0		43,035
35		18	(a)	Nottingham F	D 1-1	Jordon	33,074
36		21	(a)	Tottenham	D 1-1	McQueen	36,665
37		25	(h)	Norwich C	W 1-0	Macari	33,678
38		28	(h)	Derby Co	D 0-0		42,546
39		30	(a)	Southampton	D 1-1	Ritchie	21,616
40	May	5	(a)	West Brom A	L 0-1		27,960
41		7	(h)	Wolves	W 3-2	Coppell 2, Ritchie	39,402
42		16	(h)	Chelsea	D 1-1	Coppell	38,109

FINAL LEAGUE POSITION : 9th in Division One

Appearances

Sub. Appearances

Goals

Roche	Greenhoff B	Albiston	McIlroy	McQueen	Buchan	Coppell	Greenhoff J	Jordan	Macari	McCreery	McGrath	Nicholl	Grimes	Houston	Bailey	Solan	Thomas	Ritchie	Paterson	Connell	Moran	
1	2	3	4	5	6	7	8	9	10	11												1
1	2	3	4	5	6	7	8	9	10	11												2
1	2	3	4	5	6	7	8	9	10	11*	12											3
1	5	3	4		6	7	8	9	10	11*		2	12									4
1	2	3	4	5	6	7	8	9	10	11												5
1	2	3	4	5	6	7	8	9	10	11*			12									6
1	4	2	11	5	6	7	8	9	10				3									7
1	4	2	11	5	6	7	8	9	10				3									8
1		2	4	5	6	7	8*	9	10	11			12	3								9
1		2	4	5	6	7	8	9	10				11	3								10
1	12	2	4*	5	6	7	8	9	10				11	3								11
1	4		11	5*	6	7	8	9	10			2	12	3								12
1	5		4		6	7	8	9	10			2	11	3								13
1	5	12	11		6	7	8	9	10	4		2*		3								14
	4	2	11	5		7	8	9			12			3	1	10*						15
	4	2	11	5	6	7	8	9	12					3	1	10*						16
	2		4	5	6	7	8	9	10					3	1		11					17
	2		4	5	6	7	8		10				3*	1		11	9	12				18
	2		4	5	6	7	8		10				3	1		11	9					19
	2		4	5	6	7	8*		10		12			1		11	9		3			20
	2		4	5	6	7	8		10					1		11	9		3			21
	2		4	5	6	7	8*			10			3	1	12	11	9					22
	2		4	5	6	7	8*		9		4		3	1		11	12					23
	2	3	10	5	6	7	8		10					1		11	9					24
	2	3	4	5	6	7	8		10*		12			1		11	9					25
	2	3	4	5	6	7	8					10		1		11	9					26
		3	4	5	6	7	8					2	10	1		11	9					27
	10	3	4	5	6	7	8	9				2		1		11						28
	10	3	4	5	6	7	8*					2		1		11	9	12				29
	10	3	4	5	6	7	8	9				2		1		11						30
		2	4	5	6	7	8	9	10				3	1		11						31
		3	4	5	6	7		9	10			2		1		11	8					32
	5	3	4		6	7		9	10			2		12	1	11	8*					33
	10	3	4	5	6	7		9		12		2			1	11	8*					34
	10	3	4	5	6*	7		9		8		2	12		1	11						35
	6	3	4	5		7		9	10	8		2	12		1	11*						36
		3	4	5	6*	7		9	10	8		2	12		1	11						37
		3	4			7		9	10	2		5	12	6	1	11	8*					38
		2		5		7			10			11	3	1	4		9	8		6		39
	6	2	4	5		7	8	9	10				12	3	1		11*					40
	4*	3			6	7		9	10			2	12	5	1	11	8					41
		2	4	5		7	8	9		10*		6	12	3	1	11						42
14	32	32	40	36	37	42	33	30	31	14		19	5	21	28	3	25	16	1	2	1	
	1	1							1	1	2	2	11	1		1		1	2			
	2		5	6	2	11	11	6	6						1	10						

1979-80

#	Month	Date	H/A	Opponent	Result	Score	Scorers	Attendance
1	Aug	18	(a)	Southampton	D	1-1	McQueen	21,768
2		22	(h)	West Brom A	W	2-0	Coppell, McQueen	53,377
3		25	(a)	Arsenal	D	0-0		44,380
4	Sep	1	(h)	Middlesbrough	W	2-1	Macari 2	51,015
5		8	(a)	Aston Villa	W	3-0	Coppell, Grimes, Thomas	34,859
6		15	(h)	Derby Co	W	1-0	Grimes	54,308
7		22	(a)	Wolves	L	1-3	Macari	35,503
8		29	(h)	Stoke C	W	4-0	McQueen 2, McIlroy, Wilkins	52,596
9	Oct	6	(h)	Brighton & HA	W	2-0	Coppell, Macari	52,641
10		10	(a)	West Brom A	L	0-2		27,713
11		13	(a)	Bristol C	D	1-1	Macari	28,305
12		20	(h)	Ipswich T	W	1-0	Grimes	50,826
13		27	(a)	Everton	D	0-0		37,708
14	Nov	3	(h)	Southampton	W	1-0	Macari	50,251
15		10	(a)	Manchester C	L	0-2		50,067
16		17	(h)	Crystal Palace	D	1-1	Jordan	52,800
17		24	(h)	Norwich C	W	5-0	Jordan 2, Coppell, Macari, Moran	46,540
18	Dec	1	(a)	Tottenham H	W	2-1	Coppell, Macari	51,389
19		8	(h)	Leeds U	D	1-1	Thomas	58,348
20		15	(a)	Coventry C	W	2-1	Macari, McQueen	25,541
21		22	(h)	Nottingham F	W	3-0	Jordan 2, McQueen	54,607
22		26	(a)	Liverpool	L	0-2		51,073
23		29	(h)	Arsenal	W	3-0	Jordan, McIlroy, McQueen	54,295
24	Jan	12	(a)	Middlesbrough	D	1-1	Thomas	30,587
25	Feb	2	(a)	Derby C	W	3-1	McIlroy, Thomas, B. Powell (og)	27,783
26		9	(h)	Wolves	L	0-1		51,568
27		16	(a)	Stoke C	D	1-1	Coppell	28,398
28		23	(h)	Bristol C	W	4-0	Jordan 2, McIlroy, Merrick (og)	43,329
29		27	(h)	Bolton W	W	2-0	Coppell, McQueen	47,546
30	Mar	1	(a)	Ipswich T	L	0-6		30,229
31		12	(h)	Everton	D	0-0		45,515
32		15	(a)	Brighton &HA	D	0-0		29,621
33		22	(h)	Manchester C	W	1-0	Thomas	56,387
34		29	(a)	Crystal Palace	W	2-0	Jordan, Thomas	33,056
35	Apr	2	(a)	Nottingham F	L	0-2		31,417
36		5	(h)	Liverpool	W	2-1	Greenhoff, Thomas	57,342
37		7	(a)	Bolton W	W	3-1	Coppell, McQueen, Thomas	31,902
38		12	(h)	Tottenham H	W	4-1	Ritchie 3, Wilkins	53,151
39		19	(a)	Norwich C	W	2-0	Jordan 2	23,274
40		23	(h)	Aston Villa	W	2-1	Jordan 2	45,207
41		26	(a)	Coventry C	W	2-1	McIlroy	52,154
42	May	3	(a)	Leeds U	L	0-2		39,625

FINAL LEAGUE POSITION : 2nd in Division One

Appearances
Sub. Appearances
Goals

Bailey	Nicholl	Albiston	McIlroy	McQueen	Buchan	Coppell	Wilkins	Jordan	Macari	Thomas	Ritchie	Parterson	Grimes	Solan	Hoouston	Moran	McGrath	Jovanovic	Greenhoff J	
1	2	3	4	5	6	7	8	9	10	11										1
1	2	3	4*	5	6	7	8	9	10	11	12									2
1	2	3	4	5	6	7*	8	9	10	11		12								3
1	2	3	4	5	6	7	8	9	10	11										4
1	2	3	4	5	6	7	8	9*	10	11			12							5
1	2	3	4	5	6	7	8		10		9		11							6
1	2	3	4	5	6	9	8		10*	11			7							7
1	2	3	4	5	6	9	8		10	11			7	12						8
1	2	3	4	5	6	9	8		10	11			7							9
1	2	3	4	5	6	9	8		10	11			7							10
1	2	3	4	5	6	9	8		10	11			7							11
1	2	3	4	5	6	9	8		10	11			7							12
1	2	3*	4	5	6	9	8		10	11			7	12						13
1	2		4		6	9	8		10	11			7		3	5				14
1	2		4		6	9	8		10	11			7		3	5				15
1	2		4		6	7	8	9	10	11*			12		3	5				16
1	2		4		6	7	8	9	10	11			3			5				17
1	2		4		6	7	8	9	10	11			3			5				18
1	2		4		6	7	8	9	10	11			3			5				19
1	2		4	5	6	7	8	9	10	11					3					20
1	2		4	5	6	7	8	9	10	11					3					21
1	2		4	5	6	7	8	9	10	11*			12		3					22
1	2		4	5	6	7	8	9	10	11					3					23
1	2		4	5	6	7	8	9	10	11*					3		12			24
1	2		4	5	6	7		9	10	11			12		3		8*			25
1	2		4	5	6	7	8*	9	10	11			12		3					26
1	2		4	5	6	7	8	9	10*		12		11		3					27
1	2		4	5*	6	7	8	9	10		12		11		3					28
1	2		4	5	6	7	8*	9	10				11	12	3					29
1	2*		4	5	6	7		9	10				11	8	3		12			30
1	2	3	4	5	6	7	8	9	10*				11					12		31
1	2	3	4	5	6	7	8	9	10				11							32
1	2	3	4	5	6	7	8	9	10	11*			12							33
1	2	3	4	5	6	7	8	9	10	11										34
1	2	3	4	5	6	7	8	9	10	11										35
1	2	3		5	6	7	8	9	10	11							4			36
1	2	3	4	5	6	7	8*	9		11	12		10							37
1	2	3	4	5	6	7	8	9		11	10									38
1	2	3	4		6	7	8	9		11	10				5					39
1	2	3	4		6	7		9	10	11					5		8			40
1	2	3	4		6	7		9	10	11			12	5			8*			41
1	2	3	4		6*	7		9	10	11	12						8			42
42	42	25	41	33	42	42	37	32	39	35	3		20	1	14	9	1	4		
										5	1	6	4			1	1	1		
		6	9		8	2	13	9	8	3		3			1		1			

37

1980-81

#	Month	Date	H/A	Opponent	Result	Score	Scorers	Attendance
1	Aug	16	(h)	Middlesbrough	W	3-0	Grimes, Macari, Thomas	54,394
2		19	(a)	Wolves	L	0-1		31,955
3		23	(a)	Birmingham C	D	0-0		28,661
4		30	(h)	Sunderland	D	1-1	Jovanovic	51,498
5	Sep	6	(a)	Tottenham H	D	0-0		40,995
6		13	(h)	Leicester C	W	5-0	Jovanovic 2, Coppell, Grimes, Macari	43,229
7		20	(a)	Leeds	D	0-0		32,539
8		27	(h)	Manchester C	D	2-2	Albiston, Coppell	55,918
9	Oct	4	(a)	Nottingham F	W	2-1	Coppell, Macari	29,801
10		8	(h)	Aston Villa	D	3-3	McIlroy 2, Coppell	38,831
11		11	(a)	Arsenal	D	0-0		49,036
12		18	(a)	Ipswich T	D	1-1	McIlroy	28,572
13		22	(a)	Stoke C	W	2-1	Jordan, Macari	24,534
14		25	(h)	Everton	W	2-0	Coppell, Jordan	54260
15	Nov	1	(a)	Crystal Palace	L	0-1		31,449
16		8	(h)	Coventry C	D	0-0		42,794
17		12	(h)	Wolves	D	0-0		37,959
18		15	(a)	Middlesbrough	D	1-1	Jordan	20,606
19		22	(a)	Brighton & HA	W	4-1	Jordan 2, Duxbury, McIlroy	23,293
20		29	(h)	Southampton	D	1-1	Jordan	46,840
21	Dec	6	(a)	Norwich C	D	2-2	Coppell, Bond (og)	18,780
22		13	(h)	Stoke C	D	2-2	Jordan, Macari	39,568
23		20	(a)	Arsenal	L	1-2	Macari	33,730
24		26	(h)	Liverpool	D	0-0		57,049
25		27	(a)	West Brom A	L	1-3	Jovanovic	30,326
26	Jan	10	(h)	Brighton & HA	W	2-1	Macari, McQueen	42,208
27		28	(a)	Sunderland	L	0-2		31,910
28		31	(h)	Birmingham C	W	2-0	Jordan, Macari	39,081
29	Feb	7	(a)	Leicester C	L	0-1		26,085
30		17	(h)	Tottenham H	D	0-0		40,642
31		21	(a)	Manchester C	L	0-1		50,114
32		28	(h)	Leeds U	L	0-1		45,733
33	Mar	7	(a)	Southampton	L	0-1		22,698
34		14	(a)	Aston Villa	D	3-3	Jordan 2, McIlroy	42,182
35		18	(h)	Nottingham F	D	1-1	Burns (og)	38,205
36		21	(h)	Ipswich T	W	2-1	Nicholl, Thomas	46,685
37		28	(a)	Everton	W	1-0	Jordan	25,856
38	Apr	4	(h)	Crystal Palace	W	1-0	Duxbury	37,954
39		11	(a)	Coventry C	W	2-0	Jordan 2	20,201
40		14	(a)	Liverpool	W	1-0	McQueen	31,276
41		18	(h)	West Brom A	W	2-1	Jordan, Macari	44,442
42		25	(h)	Norwich C	W	1-0	Jordan	40,165

FINAL LEAGUE POSITION : 8th in Division One

Appearances
Sub. Appearances
Goals

Bailey	Nicholl	Albiston	McIlroy	Moran	Buchan	Coppell	Greenhoff J	Jordan	Macari	Thomas	Grimes	Roche	Ritchie	McGrath	Duxbury	Jovanovic	McGarvey	McQueen	Birtles	Solan	Whelan	Wilkins	
1	2	3	4	5	6	7	8	9*	10	11	12												1
	2	3	4	5	6	9	8		10	11	7*	1	12										2
	2	3	4	5*	6	8			10	11		1	9	7	12								3
1	2	3	4		6	7	8		10	11			9		5								4
1	2	3	4		6	7	8		10	11			9*	12	5								5
1	2	3	4		6	9	8	10*	11	7					5	12							6
1	2	3	4		6	9	8	10*	11	7				12	5								7
1	2	3	4		6	9	8		11	7				10*		5		12					8
1	2	3	4	6		8		9	10	11				7	5								9
1	2	3	4	6		8	12	9	10*	11				7	5								10
1	2	3	4	6		8		9	11	7				10	5								11
1	2	3	4	6		7		9	10	11				8	5								12
1	2	3	4	6		7		9	10	11				12	5*		8						13
1	2	3	4	5		7		9	10	11				6			8						14
1	2	3	4	6		7		9	10	11					5		8						15
1	2	3	4	6		7		9	10	11				5*			8	12					16
1	2	3	4	5		7		9	10	11				6			8						17
1	2	3	4	5		7		9	10	11				6			8						18
1	2	3	4	6		7		9		11	12			10	5		8*						19
1		3	4	5*		7		9	10		11			6	2		8		12				20
1	2	3	4		6	7	8	9	10					11	5								21
1	2	3	4	6		7		9	10	11				8	5								22
1	2	3	4	6		7		9	10	11				8	5								23
1	2	3	4	6		7		9	10	11				8	5								4
1	2	3	4	6		7		9	10	11				8	5								25
1	2	3		6		7		9	10	11				12			5	8		4*			26
1	2	3		6		7		9	10	11				4			5	8					27
1	2	3	12	6		7		9	10	11*				4			5	8					28
1	2	3		6		7		9	10	11				4	5*		8		12				29
1	2	3	11	5		6	7		10					4			9	8					30
1	2	3	11	5		6	7		10					4*		12	9	8					31
1	2	3	11	5		6	7	9	10								8	4					32
1	2	3	11	5		6	7	9	10								8	4					33
1	2	3	11	5		6	7	9	10								8	4					34
1	2	3	11*	5		6	7	9	10					12			8	4					35
1	2	3		4	6	7		9		11				10			5	8					36
1	2*	3		4	6	7		9	12	11				10			5	8					37
1		3		4	6	7		9	10	11*				2			5	8	12				38
1		3		4	6	7		9	10					2			5	8	11				39
1		3		4	6	7		9	10					2			5	8	11				40
1		3		4	6	7		9	10					2			5	8	11				41
1		3		4	6	7		9	10					2			5	8	11				42
40	36	42	31	32	26	42	8	33	37	30	6	2	3	27	19		11	25		11			
				1			1		1		2		1	6		2			2	1	2		
	1	1	5			6		15	9	2	2			2	4		2						

39

1981-82

1	Aug	29	(a)	Coventry C	L	1-2	Macari	19,329
2		31	(h)	Nottingham F	D	0-0		51,496
3	Sep	5	(h)	Ipswich T	L	1-2	Stapleton	45,555
4		12	(a)	Aston Villa	D	1-1	Stapleton	37,661
5		19	(h)	Swansea C	W	1-0	Birtles	47,309
6		22	(a)	Middlesbrough	W	2-0	Birtles, Stapleton	19,895
7		26	(a)	Arsenal	D	0-0		39,795
8		30	(h)	Leeds	W	1-0	Stapleton	47,019
9	Oct	3	(h)	Wolves	W	5-0	McIlroy 3, Birtles, Stapleton	46,837
10		12	(a)	Manchester C	D	0-0		52,037
11		17	(h)	Birmingham C	D	1-1	Coppell	38,342
12		21	(h)	Middlesbrough	W	1-0	Moses	41,438
13		24	(a)	Liverpool	W	2-1	Albiston, Moran	45,928
14		31	(h)	Notts Co	W	2-1	Birtles, Moses	48,800
15	Nov	7	(a)	Sunderland	W	5-1	Stapleton 2, Birtles, Moran, Robson	27,070
16		21	(a)	Tottenham H	L	1-3	Birtles	35,534
17		28	(h)	Brighton & HA	W	2-0	Birtles, Stapleton	41,911
18	Dec	5	(a)	Southampton	L	2-3	Robson, Stapleton	24,404
19	Jan	6	(h)	Everton	D	1-1	Stapleton	40,451
20		23	(a)	Stoke C	W	3-0	Birtles, Coppell, Stapleton	19,793
21		27	(h)	West Ham U	W	1-0	Macari	41,291
22		30	(a)	Swansea C	L	0-2		24,115
23	Feb	6	(h)	Aston Villa	W	4-1	Moran 2, Coppell, Robson	43,184
24		13	(a)	Wolves	W	1-0	Birtles	22,481
25		20	(h)	Arsenal	D	0-0		43,833
26		27	(h)	Manchester C	D	1-1	Moran	57,830
27	Mar	6	(a)	Birmingham C	W	1-0	Birtles	19,637
28		17	(h)	Coventry C	L	0-1		34,499
29		20	(a)	Notts Co	W	3-1	Coppell 2, Stapleton	17,048
30		27	(h)	Sunderland	D	0-0		40,776
31	Apr	3	(a)	Leeds U	D	0-0		30,953
32		7	(h)	Liverpool	L	0-1		48,371
33		10	(a)	Everton	D	3-3	Coppell 2, Grimes	29,306
34		12	(h)	West Brom A	W	1-0	Moran	38,717
35		17	(h)	Tottenham H	W	2-0	Coppell, McGarvey	50,724
36		20	(a)	Ipswich T	L	1-2	Gidman	25,744
37		24	(a)	Brighton & HA	W	1-0	Wilkins	20,750
38	May	1	(h)	Southampton	W	1-0	Mcgarvey	40,038
39		5	(a)	Nottingham F	W	1-0	Stapleton	18,449
40		8	(a)	West Ham U	D	1-1	Moran	26,337
41		12	(a)	West Brom A	W	3-0	Birtles, Coppell, Robson	19,707
42		15	(h)	Stoke C	W	2-0	Robson, Whiteside	43,072

FINAL LEAGUE POSITION : 3rd in Division One

Appearances
Sub. Appearances
Goals

Bailey	Gidman	Albiston	Wilkins	McQueen	Buchan	Coppell	Birtles	Stapleton	Macari	McIlroy	Duxbury	Moses	Moran	Robson	Roche	Nicholl	McGarvey	Grimes	Whiteside	Davies	#
1	2	3	4	5	6	7	8	9	10	11											1
1	2	3	4	5	6	7	8	9	10	11											2
1	2	3	4	5	6	7	8	9	10	11*	12										3
1	2	3	4	5	6	7	8	9	10	11											4
1	2	3	4	5	6	7	8	9	10	11*		12									5
1	2	3	4	5	6*	7	8	9	10		12	11									6
1	2	3	4	5	6	7	8	9	10			11									7
1	2	3	4	5*	6	7	8	9		10	12	11									8
1	2	3	4		6	7	8	9		10		11	5								9
1	2	3	4		6	12	8*	9		10		11	5	7							10
1	2	3	4		6	11	8	9				10	5	7							11
1	2	3	4		6	11	8	9			5	10		7							12
1	2	3	4		6	11	8	9				10	5	7							13
1	2	3	4		6	11	8	9	12		5	10		7*							14
1	2*	3	4		6	11	8	9			12	10	5	7							15
		3	4		6*		8	9		11	2	10	5	7	1	12					16
	2	3	4	6			8	9		11		10	5	7	1						17
	2	3	4	6			8	9		11		10	5	7	1						18
1	2	3	4		6	11		9		10			5	7			8				19
1		3	4	5		11	8	9	10		2		6	7							20
1		3	4	6		11	8	9	10		2		5	7							21
1	12	3	4	6*		11	8	9	10		2		5	7							22
1	2	3	4		6	11	8*	9			10		5	7			12				23
1	2	3	4		6	11	8	9			10		5	7							24
1	2	3	4		6	11	8	9			10		5	7							25
1	2	3	4		6	11	8	9			10		5	7							26
1	2	3	4		6	11	8	9			10		5*	7			12				27
1	2	3	4		6	11	8	9			12	10	5	7*							28
1	2	3	4		6	11	8	9				10	5*	7			12				29
1	2	3	4	5	6	11	8*	9				10		7			12				30
1		3	4		6	11		9			2	10	5	7			8				31
1		3	4		6*	11		9			2	10	5	7			8	12			32
1	2	3	4			11		9			6	10*	5	7			8	12			33
1	2	3	4	6		11		9					5	7			8	10			34
1	2	3	4	6		11		9					5	7			8	10			35
1	2	3	4	6*			12	9			11		5	7			8	10			36
1	2	3	4	6				9			11*		5	7			8	10	12		37
1	2	3	4	6				9			5			7			8	10		11	38
1	2	3	4			11		9			6		5	7			8	10			39
1	2	3	4			11	8*	9			6	7	5				12	10			40
1	2	3	4	6		11	8	9					5	7				10			41
1	2	3	4	6		11	8*						5	7			12	10	9		42
39	36	42	42	21	27	35	32	41	10	12	19	20	30	32	3		10	9	1	1	
	1					1	1		1		5	1				1	6	2	1		
	1	1	1			9	11	13	2	3		2	7	5			2	1	1		

1982-83

1	Aug	28	(h)	Birmingham C	W	3-0	Coppell, Moran, Stapleton	48,673
2	Sep	1	(a)	Nottingham F	W	3-0	Robson, Whiteside, Wilkins	23,965
3		4	(a)	West Brom A	L	1-3	Robson	24,928
4		8	(h)	Everton	W	2-1	Robson, Whiteside	43,186
5		11	(h)	Ipswich T	W	3-1	Whiteside 2, Coppell	43,140
6		18	(a)	Southampton	W	1-0	Macari	21,700
7		25	(h)	Arsenal	D	0-0		43,198
8	Oct	2	(a)	Luton T	D	1-1	Grimes	17,009
9		9	(h)	Stoke C	W	1-0	Robson	43,132
10		16	(a)	Liverpool	D	0-0		40,853
11		23	(h)	Manchester C	D	2-2	Stapleton 2	57,334
12		30	(a)	West Ham U	L	1-3	Moran	31,684
13	Nov	6	(a)	Brighton & HA	L	0-1		18,379
14		13	(h)	Tottenham H	W	1-0	Muhren	47,869
15		20	(a)	Aston Villa	L	1-2	Stapleton	35,487
16		27	(h)	Norwich C	W	3-0	Robson 2, Muhren	34,579
17	Dec	4	(a)	Watford	W	1-0	Whiteside	25,669
18		11	(h)	Notts Co	W	4-0	Duxbury, Robson, Stapleton, Whiteside	33,618
19		18	(a)	Swansea C	D	0-0		15,748
20		27	(h)	Sunderland	D	0-0		47,783
21		28	(a)	Coventry C	L	0-3		18,945
22	Jan	1	(h)	Aston Villa	W	3-1	Stapleton 2, Coppell	41,545
23		3	(h)	West Brom A	D	0-0		39,123
24		15	(a)	Birmingham C	W	2-1	Robson, Whiteside	19,333
25		22	(h)	Nottingham F	W	2-0	Coppell, Muhren	38,615
26	Feb	5	(a)	Ipswich T	D	1-1	Stapleton	23,804
27		26	(h)	Liverpool	D	1-1	Muhren	57,397
28	Mar	2	(a)	Stoke C	L	0-1		21,266
29		5	(a)	Manchester C	W	2-1	Stapleton 2	45,400
30		19	(h)	Brighton & HA	D	1-1	Albiston	36,264
31		22	(h)	West Ham U	W	2-1	McGarvey, Stapelton	30,227
32	Apr	2	(h)	Coventry C	W	3-0	Macari, Stapleton, Gillespie (og)	36,814
33		4	(a)	Sunderland	D	0-0		31,486
34		9	(h)	Southampton	D	1-1	Robson	37,120
35		19	(a)	Everton	L	0-2		21,715
36		23	(h)	Watford	W	2-0	Cunningham, Grimes	43,048
37		30	(a)	Norwich C	D	1-1	Whiteside	22,233
38	May	2	(a)	Arsenal	L	0-3		23,602
39		7	(h)	Swansea C	W	2-1	Robson, Stapleton	35,724
40		9	(h)	Luton T	W	3-0	McGrath 2, Stapleton	24,213
41		11	(a)	Tottenham H	L	2-0		32,803
42		14	(a)	Notts Co	L	2-3	Mcgrath, Muhren	14,395

FINAL LEAGUE POSITION : 3rd in Division One

Appearances
Sub. Appearances
Goals

Bailey	Duxbury	Albiston	Wilkins	Moran	McQueen	Robson	Muhren	Stapleton	Whiteside	Coppell	Grimes	Macari	Buchan	Moses	McGrath P	McGarvey	Gidam	Wealands	Cunningham	Davies	
1	2	3	4	5	6	7	8	9	10	11											1
1	2	3	4	5	6	7	8	9	10	11											2
1	2	3	4	5	6	7	8	9	10	11											3
1	2	3	4	5	6	7	8	9	10	11											4
1	2	3	4	5	6	7	8	9	10	11											5
1	2	3	4		6	7		9	10	11*	8	12	5								6
1	2	3	4	5	6	7		9	10		8	11									7
1	2	3	4	5	6	7		9	10		8			11							8
1	2	3	4	5	6	7		9	10		8			11							9
1	2	3	4	5	6	7		9	10	11	8										10
1	2	3	4	5	6	7	8*	9	10	11		12									11
1	2	3		5		7	8	9	10	11	4		6								12
1	2	3		5*	6	7	8	9	10	11		12		4							13
1	2	3			6	7	8	9	10	11				4	5						14
1	2	3		5	6	7	8	9	10*	11				4		12					15
1	2	3		5	6	7	8	9	10	11				4							16
1	2	3			6	7	8	9	10	11		5		4							17
1	2	3		5	6	7*	8	9	10	11	12			4							18
1	2	3		5	6	7	8	9	10	11				4							19
1	2	3		5	6	7	8	9	10	11				4							20
1	2	3	8	5	6	7		9			11			4		10					21
1	2	3		5	6	7	8	9	10	11				4							22
1	2	3		5	6	7	8	9	10	11				4							23
1	2	3		5	6	7	8	9	10	11				4							24
1	2	3		5	6	7	8	9	10	11				4							25
1	2	3		5	6	7	8	9	10	11				4							26
1	2	3	7	5*	6		8	9	10	11		12		4							27
1	2	3	7		6		8	9	10	11				4	5						28
1	2	3	7		6		8	9	10	11				4	5						29
1	6	3	7*				8	9	10	11	4	12			5		2				30
1	6	3	7				8	9*		11		12		4	5	10	2				31
	2	3	7		6		8	9	10*	11		12		4	5			1			32
	2	3	7		6		8	9		11		10*		4	5	12		1			33
1	2	3	11		6	7	8	9	10					4	5						34
	2	3	8		6	7		9	10*		11			4	5			1	12		35
	2	3*	8		6	7		9	10		11			4	5			1	12		36
1	2		8	5	6	7		9	10		3			4					11		37
1	2		8	5	6				10		3			4	7	9			11		38
1	2		4*	5	6	7	8	9	10		3								11	12	39
1	2			5	6	7	8	9	10*		3			4	12					11	40
1	2	3		5		7*	8	9	10		11			4	6	12					41
	6	3	7				8	9	10					4	5		2	1		11	42
37	42	38	26	29	37	33	32	41	39	29	15	2	3	29	14	3	3	5	3	2	
											1	7			4				2	1	
	1	1	1	2		10	5	14	8	4	2	2		3	1		1				

1983-84

1	Aug	27	(h)	QPR	W	3-1	Muhren 2, Stapleton	48,742
2		29	(h)	Nottingham F	L	1-2	Moran	43,005
3	Sep	3	(a)	Stoke C	W	1-0	Muhren	23,704
4		6	(a)	Arsenal	W	3-2	Moran, Robson, Stapleton	42,703
5		10	(h)	Luton T	W	2-0	Muhren, Albiston	41,013
6		17	(a)	Southampton	L	0-3		20,674
7		24	(h)	Liverpool	W	1-0	Stapleton	56,121
8	Oct	1	(a)	Nowich C	D	3-3	Whiteside 2, Stapleton	19,290
9		15	(h)	West Brom A	W	3-0	Albiston, Graham, Whiteside	42,221
10		22	(a)	Sunderland	W	1-0	Wilkins	26,826
11		29	(h)	Wolves	W	3-0	Stapleton 2, Robson	41,880
12	Nov	5	(h)	Aston Villa	L	1-2	Robson	45,077
13		12	(a)	Leicester C	D	1-1	Robson	24,409
14		19	(h)	Watford	W	4-1	Stapleton 3, Robson	43,111
15		27	(a)	West Ham U	D	1-1	Wilkins	23,355
16	Dec	3	(h)	Everton	L	0-1		43,664
17		10	(a)	Ipswich T	W	2-0	Crooks, Graham	19,779
18		16	(h)	Tottenham H	W	4-2	Graham 2, Moran 2	33,616
19		26	(a)	Coventry C	D	1-1	Muhren	21,553
20		27	(h)	Notts Co	D	3-3	Crooks, McQueen, Moran	41,544
21		31	(h)	Stoke C	W	1-0	Graham	40,164
22	Jan	2	(a)	Liverpool	D	1-1	Whiteside	44,622
23		13	(a)	QPR	D	1-1	Robson	16,308
24		21	(h)	Southampton	W	3-2	Muhren, Robson, Stapleton	40,371
25	Feb	4	(h)	Norwich C	D	0-0		36,851
26		7	(a)	Birmingham C	D	2-2	Hogg, Whiteside	19,957
27		12	(a)	Luton T	W	5-0	Robson 2, Whiteside 2, Stapleton	11,265
28		18	(a)	Wloves	D	1-1	Whiteside	20,676
29		25	(h)	Sunderland	W	2-1	Moran 2	40,615
30	Mar	3	(a)	Aston Villa	W	3-0	Moses, Robson, Whiteside	32,874
31		10	(h)	Leicester C	W	2-0	Hughes, Moses	39,473
32		17	(h)	Arsenal	W	4-0	Muhren 2, Robson, Stapleton	48,942
33		31	(a)	West Brom A	L	0-2		28,104
34	Apr	7	(h)	Birmingham C	W	1-0	Robson	39,896
35		14	(a)	Nott Co	L	0-1		13,911
36		17	(a)	Watford	D	0-0		20,764
37		21	(h)	Coventry C	W	4-1	Hughes 2, McGrath, Wilkins	38,524
38		28	(h)	West Ham U	D	0-0		44,124
39	May	5	(a)	Everton	D	1-1	Stapleton	28,802
40		7	(h)	Ipswich T	L	1-2	Hughes	44,257
41		12	(a)	Tottenham H	D	1-1	Whiteside	39,790
42		16	(a)	Nottingham F	L	0-2		23,651

FINAL LEAGUE POSITION : 4th in Division One

Appearances
Sub. Appearances
Goals

Bailey	Duxbury	Albiston	Wilkins	Moran	McQueen	Robson	Muhren	Stapleton	Whiteside	Graham	Macari	Gidman	Moses	McGrath	Crooks	Wealands	Hogg	Hughes	Davies	Blackmore	
1	2	3	4	5	6	7	8	9	10*	11	12										1
1	2*	3	4	5	6	7	8	9	10	11	12										2
1		3	4	5	6	7	8	9	10	11		2									3
1		3	4	5	6	7	8	9	10	11		2	12								4
1		3	4	5	6	7*	8	9	10	11*		2	12								5
1	2	3	4	5	6		8	9	10	11			7								6
1	2	3	4	5	6	7	8	9	10	11											7
1	2	3	4	5		7	8*	9	10	11			12	6							8
1	2	3	4	5	6	7	8	9	10	11											9
1	2	3	4	5*	6	7		9	10	11	12		8								10
1	5	3	4		6	7	8	9	10	11		2*	12								11
1	2	3	4	5	6	7		9	10*	11	12		8								12
1	2	3	4	5	6	7		9	10	11			8								13
1	5	3	4		6	7	8	9		11			2		10						14
1	5	3	4		6	7	8*	9	12	11			2		10						15
1	2	3	4	5	6	7		9		11			8		10						16
1	2	3	4	5	6	7		9		11			8		10						17
1	6	3	4	5		7	8	9*	10	11	12		2								18
	2	3	4	5	6		8	9		11			7			1					19
	2	3	4	5	6		8	9	12	11			7		10*	1					20
1	2	3	4	5	6		8	9	10	11			7								21
1	2	3	4	5*	6		8	9	10	11			7	12							22
1	2		4	5		7	8	9	10	11			3				6				23
1	2		4	5		7	8	9	10*	11			3				6	12			24
1	6	3	4	5		7	8	9	10	11			2								25
1	2	3	4	5		7		9	10	11			8				6				26
1	2	3	4	5		7*	8	9	10	12			11				6				27
1	2	3	4*	5		7	8	9	10	12			11				6				28
1	2	3	4	5*		7	8	9	10	12			11				6				29
1	2	3	4			7	8	9	10*	12			11	5			6				30
1	2	3	4	5		7	8	9					11				6	10			31
1	2	3	4	5		7	8	9	10*				11				6	12			32
1	2	3	4	5		7		9	10	8			11				6				33
1	2	3	4	5		7		9	10*	8			11				6	12			34
1	2	3	4	5				9	10				8	7			6	12	11*		35
1	2	3	4	5				9	10	8				7			6		11		36
1	2	3	4*	5				9	12	11			8	7			6	10			37
1	2	3	4	5				9	12	11			8	7			6	10			38
1	2	3	4	5		7		9	12				8				6	10	11*		39
1	2	3	4	5		7		9		11			8	6				10			40
1	2	3	4	5		7		9*	12	11			8	6				10			41
1	2	3	4	5		7		9	12	11*				6				10	8		42
40	39	40	42	38	20	33	26	42	30	33		4	31	9	6	2	16	7	3	1	
									7	4	5		4				1	4			
		2	3	7	1	12	8	13	10	5		2	1	2			1	4			

45

1984-85

1	Aug	25	(h)	Watford	D	1-1	Strachan (pen)	53,668
2		28	(a)	Southampton	D	0-0		22,183
3	Sep	1	(a)	Ipswich T	D	1-1	Hughes	20,434
4		5	(h)	Chelsea	D	1-1	Olsen	48,298
5		8	(h)	Newcastle U	W	5-0	Hughes, Moses, Olsen, Strachan 2 (1 pen)	54,915
6		15	(a)	Coventry C	W	3-0	Robson, Whiteside 2	18,482
7		22	(h)	Liverpool	D	1-1	Strachan (pen)	56,638
8		29	(a)	West Brom A	W	2-1	Robson, Strachan (pen)	26,401
9	Oct	6	(a)	Aston Villa	L	0-3		37,132
10		13	(h)	West Ham U	W	5-1	Brazil, Hughes, McQueen, Moses, Strachan	47,559
11		20	(h)	Tottenham H	W	1-0	Hughes	54,516
12		27	(a)	Everton	L	0-5		40,769
13	Nov	2	(h)	Arsenal	W	4-2	Hughes, Robson, Strachan 2	32,279
14		10	(a)	Leicester C	W	3-2	Brazil, Hughes, Strachan (pen)	23,840
15		17	(h)	Luton T	W	2-0	Whiteside 2	42,776
16		24	(a)	Sunderland	L	2-3	Hughes, Robson	25,405
17	Dec	1	(h)	Norwich C	W	2-0	Hughes, Robson	36,635
18		8	(a)	Nottingham F	L	2-3	Strachan 2 (1 pen)	25,902
19		15	(h)	QPR	W	3-0	Brazil, Duxbury, Gidman	36,134
20		22	(h)	Ipswich T	W	3-0	Gidman, Robson, Strachan (pen)	35,168
21		26	(a)	Stoke C	L	1-2	Stapleton	21,013
22		29	(a)	Chelsea	W	3-1	Hughes, Moses, Stapleton	42,197
23	Jan	1	(h)	Sheffield W	L	1-2	Hughes	47,638
24		12	(a)	Coventry C	L	0-1		35,992
25	Feb	2	(h)	West Brom A	W	2-0	Strachan 2	36,681
26		9	(a)	Newcastle U	D	1-1	Moran	31,798
27		23	(a)	Arsenal	W	1-0	Whiteside	48,612
28	Mar	2	(h)	Everton	D	1-1	Olsen	51,150
29		12	(a)	Tottenham H	W	2-1	Hughes, Whiteside	42,918
30		15	(a)	West Ham U	D	2-2	Robson, Stapleton	16,674
31		23	(h)	Aston Villa	W	4-0	Hughes 3, Whiteside	40,941
32		31	(a)	Liverpool	W	1-0	Stapleton	34,886
33	Apr	3	(h)	Leicester C	W	2-1	Robson, Stapleton	35,590
34		6	(h)	Stoke C	W	5-0	Hughes 2, Olsen 2, Whiteside	42,940
35		9	(a)	Sheffield W	L	0-1		39,380
36		21	(a)	Luton T	L	1-2	Whiteside	10,320
37		24	(h)	Southampton	D	0-0		31,291
38		27	(h)	Sunderland	D	2-2	Moran, Robson	38,979
39	May	4	(a)	Norwich C	W	1-0	Moran	16,006
40		6	(h)	Nottingham F	W	2-0	Gidman, Stapleton	43,334
41		11	(a)	QPR	W	3-1	Brazil 2, Strachan	20,483
42		13	(a)	Watford	L	1-5	Moran	20,047

FINAL LEAGUE POSITION: 4th in Division One

Appearances
Sub. Appearances
Goals

Bailey	Duxbury	Albiston	Moses	Moran	Hogg	Robson	Strachan	Hughes	Brazil	Olsen	Whiteside	Muhren	McQueen	Gidman	Stapleton	Garton	McGrath	Blackmore	Pears	
1	2	3	4	5	6	7	8	9	10*	11	12									1
1	2	3	4	5	6	7	8	9	10	11										2
1	2	3	4	5	6	7	8	9	10*	11	12									3
1	2	3	4	5	6	7	8	9		11	10									4
1	2	3	4	5	6	7	8	9		11	10									5
1	2	3	4	5	6	7	8	9		11	10									6
1	2	3	4	5*	6	7	8	9		11	10	12								7
1	2	3	4	5	6	7	8	9	10	11										8
1	2	3	4	5	6		7	9	10	11		8								9
1	2	3	4		6	7	8	9	10	11			5							10
1		3	4	5	6	7	8	9	10	11		2								11
1		3	4	5*	6	7	8	9	10	11		2		12						12
1		3	4	5	6	7	8	9		11		2	10							13
1		3	4		6	7	8	9	10	11	12	2		5						14
1	6	3	4		7*	8	9		11	10		5	2	12						15
1	3		4		7	8	9		11	10	12	5	2		6					16
1	3		4		7	8	9		11	10		5	2		6					17
1	2		4		7	8		10		11	5		9		6	3				18
1	6	3	4		7	8		10	11			5	2	9						19
1	6	3	4		7	8	9		11			5	2	10						20
1	6	3	4		7	8*	9	12		11	5	2	10							21
1	2	3	4		7	8*	10			11	5		9		6					22
1	2	3	4		7	8	9	10		11	5			6						23
	2	3	4		7*	8	10	12		11	5		9		6		1			24
	3	4	5	6		8	9		11	10		2		7			1			25
	3	4	5	6		8	10		11*	9		2	12	7			1			26
1	4	3		5*	6		8	9		11	12	2	10	7						27
1	4	3			6		7	9	8	11	10	2		5						28
1	4	3			6		7	9		11	8	2	10	5						29
1	4	3			6	12	7	9		11	8*	2	10	5						30
1		3			6	7	8	9		11	4	2	10	5						31
1		3			6	7	8	9		11	4	2	10	5						32
1		3			6	7	8	9		11	4	2	10	5						33
1	12	3			6	7*	8	9		11	4	2	10	5						34
	4*	3			6	7	8	9	12	11		2	10	5		1				35
1		3			6	7		9		11	4	8	2	10	5					36
1	12	3			6	7	8	9		11	4		2	10*	5					37
1	12	3	6			7	8	9	10	11	4		2*		5					38
1		3	6			7	8	9		11	4		2	10	5					39
1		3	5*	6			8		10	11	4	12	2	9	7					40
1	7	3		6*			8		10	11	4	12	2	9	5					41
1	7	3		6			8	9	11		4*	12	2	10	5					42
38	27	39	26	19	29	32	41	38	17	36	23	7	12	27	21	2	23	1	4	
	3					1			3		4	5		3						
	1		3	4		9	15	16	5	5	9		1	3	6					

47

1985-86

1	Aug	17	(h)	Aston Villa	W	4-0	Whiteside, Hughes 2, Olsen	49,743
2		20	(a)	Ipswich T	W	1-0	Robson	18,777
3		24	(a)	Arsenal	W	2-1	Hughes, McGrath	37,145
4		26	(h)	West Ham U	W	2-0	Hughes, Strachan	50,773
5		31	(a)	Nottingham F	W	3-1	Hughes, Barnes, Stapleton	26,274
6	Sep	4	(h)	Newcastle U	W	3-0	Stapleton 2, Hughes	51,102
7		7	(h)	Oxford U	W	3-0	Whiteside, Robson, Barnes	51,820
8		14	(a)	Manchester C	W	3-0	Robson (pen), Albiston, Duxbury	48,773
9		21	(a)	West Brom A	W	5-1	Brazil 2, Strachan, Blackmore, Stapleton	25,068
10		28	(h)	Southampton	W	1-0	Hughes	52,449
11	Oct	5	(a)	Luton T	D	1-1	Hughes	17,454
12		12	(h)	QPR	W	2-0	Hughes, Olsen	48,845
13		19	(h)	Liverpool	D	1-1	McGrath	54,492
14		26	(a)	Chelsea	W	2-1	Olsen, Hughes	42,485
15	Nov	2	(h)	Coventry C	W	2-0	Olsen 2	46,748
16		9	(a)	Sheffield W	L	0-1		48,105
17		16	(h)	Tottenham H	D	0-0		54,575
18		23	(a)	Leicester C	L	0-3		22,008
19		30	(h)	Watford	D	1-1	Brazil	42,181
20	Dec	7	(h)	Ipswich T	W	1-0	Stapleton	37,981
21		14	(a)	Aston Villa	W	3-1	Blackmore, Strachan, Hughes	27,626
22		21	(h)	Arsenal	L	0-1		44,386
23		26	(a)	Everton	L	1-3	Stapleton	42,551
24	Jan	1	(h)	Birmingham C	W	1-0	Gibson C	43,095
25		11	(a)	Oxford U	W	3-1	Whiteside, Hughes, Gibson C	13,280
26		18	(h)	Nottingham F	L	2-3	Olsen 2 (1 pen)	46,717
27	Feb	2	(a)	West Ham U	L	1-2	Robson	22,642
28		9	(a)	Liverpool	D	1-1	Gibson C	35,064
29		22	(h)	West Brom A	W	3-0	Olsen 3 (2 pens)	45,193
30	Mar	1	(a)	Southampton	L	0-1		19,012
31		15	(a)	QPR	L	0-1		23,407
32		19	(h)	Luton T	W	2-0	Hughes, McGrath	33,668
33		22	(h)	Manchester C	D	2-2	Gibson C, Strachan (pen)	51,274
34		29	(a)	Birmingham C	D	1-1	Robson	22,551
35		31	(h)	Everton	D	0-0		51,189
36	Apr	5	(h)	Coventry C	W	3-1	Gibson C, Robson, Strachan	17,160
37		9	(h)	Chelsea	L	1-2	Olsen (pen)	45,355
38		13	(h)	Sheffield W	L	0-2		32,331
39		16	(a)	Newcastle U	W	4-2	Robson (pen), Hughes 2, Whiteside	31,840
40		19	(a)	Tottenham H	D	0-0		32,357
41		26	(h)	Leicester C	W	4-0	Stapleton, Hughes, Blackmore, Davenport (pen)	38,840
42	May	3	(a)	Watford	D	1-1	Hughes	18,414

FINAL LEAGUE POSITION: 4th in Division One

Appearances
Sub. Appearances
Goals

48

Bailey	Gidman	Albiston	Whiteside	McGrath	Hogg	Robson	Moses	Hughes	Stapleton	Olsen	Duxbury	Strachan	Brazil	Barnes	Moran	Blackmore	Garton	Gibson C	Dempsey	Turner	Wood	Gibson T	Sivebaek	Davenport	Higgins	
1	2	3	4	5	6	7	8*	9	10	11	12															1
1	2*	3	4	5	6	7		9	10	11	12	8														2
1		3	4	5	6	7		9	10	11	2	8														3
1		3	4	5	6	7		9	10	11	2	8														4
1		3	4	5	6	7		9	10		2	8*	12	11												5
1		3	4	5	6	7		9	10*		2	8	12	11												6
1		3	4	5	6	7		9	10*		2	8	12	11												7
1		3	4	5	6	7		9	10*		2	8	12	11												8
1		3	4	5	6	7		9			2	8*	10		12	11										9
1		3	4*	5		7	8	9	10		2		12	11	6											10
1		3	4	5		7	8	9	10		2			11	6											11
1		3	4	5		7		9	10	8	2			11	6											12
1		3	4	7	6		8*	9	10	11	2			12	5											13
1		3	4	7	6			9	10	8	2			11	5											14
1		3	4	7	6			9	10	8				11	5	2										15
1	2	3	4	5		7*		9	10	8		12		11	6											16
1	2	3	4	5				9	10	8		7		11	6											17
1	2	3*	4	7	6			9	10	11		8	12	5												18
1	2		4	7	6			9	10	11		8	12	5*			3									19
1	2		4	5	6			9*	10	11		8	12				3	7								20
	2		4	5				9	10*	11		8	12			7	6	3		1						21
1	2		4	5				9	10	11		8				7	6	3								22
1	2		4	5	6			9	10	11*		8				7		3			12					23
	2	3	4	5*				9	10			8	12			7	6	11		1						24
1	2	3	4					9	10			8		5		7	6	11								25
1	2	3	4					9	10	7		8		5			6	11								26
1	2	3	4	5		7*		9	10	8				6			11			12						27
	2	3	4	5				9	12	11*				6			10	1		8	7					28
	2*	3		5				9	10	11		7		6	4		8	1		12						29
		3		5		7		9	10	11*	2	8		6			4	1		12						30
		3		5					9	7	2	8		6	4*		11	1		12		10				31
		3	4	5				9	12	11	2	8		6*			7	1				10				32
		3	4	5				9	12		2	8	11*				7	1				10	6			33
	2	3	4	5		7		9	12			8				11*		1				10	6			34
	2	3	4	5		7		9	12			8				11		1				10*	6			35
	2	3	4	5		7		9	12			8				11*		1				10	6			36
	2	3		5		7		9	12	11	4	8*						1				10	6			37
	2	3		5		7		9		11	4							1		12	8	10*	6			38
	2	3	4	5		7		9	10					11	6			1		8*	12					39
	2	3	4	5				9	10	12	7				11	6		1			8*					40
	2	3	4*	5				9	10	12	7				11	6		1			8					41
		3	4	5	6			9	10	12	7			11	2			1			8*					42
25	24	37	37	40	17	21	4	40	34	25	21	27	1	12	18	12	10	18	1	17	2	2	11	6		
								7	3	2	1	10	1	1					1	5	1					
		1	4	3		7		17	7	11	1	5	3	2		3		5			1					

1986-87

#	Month	Date	H/A	Opponent	Result	Score	Scorers	Attendance
1	Aug	23	(a)	Arsenal	L	0-1		41,362
2		25	(h)	West Ham U	L	2-3	Stapleton, Davenport	43,306
3		30	(h)	Charlton A	L	0-1		37,544
4	Sep	6	(a)	Leicester C	D	1-1	Whiteside	16,785
5		13	(h)	Southampton	W	5-1	Olsen (pen), Davenport, Stapleton 2, Whiteside	40,135
6		16	(a)	Watford	L	0-1		21,650
7		21	(a)	Everton	L	1-3	Robson	25,843
8		28	(h)	Chelsea	L	0-1		33,340
9	Oct	4	(a)	Nottingham F	D	1-1	Robson	34,828
10		11	(h)	Sheffield W	W	3-1	Davenport 2 (1 pen), Whiteside	45,890
11		18	(h)	Luton T	W	1-0	Stapleton	39,927
12		26	(a)	Manchester C	D	1-1	Stapleton	32,440
13	Nov	1	(h)	Coventry C	D	1-1	Davenport	36,948
14		8	(a)	Oxford U	L	0-2		13,545
15		15	(a)	Norwich C	D	0-0		22,634
16		22	(h)	QPR	W	1-0	Sivebaek	42,235
17		29	(a)	Wimbledon	L	0-1		12,112
18	Dec	7	(h)	Tottenham H	D	3-3	Whiteside, Davenport 2 (1 pen)	35,957
19		13	(a)	Aston Villa	D	3-3	Davenport 2, Whiteside	29,205
20		20	(h)	Leicester C	W	2-0	Gibson C, Stapleton	34,180
21		26	(a)	Liverpool	W	1-0	Whiteside	40,663
22		27	(h)	Norwich C	L	0-1		44,610
23	Jan	1	(h)	Newcastle U	W	4-1	Jackson P (og), Whiteside, Stapleton, Olsen	43,334
24		3	(a)	Southampton	D	1-1	Olsen	20,409
25		24	(h)	Arsenal	W	2-0	Strachan, Gibson T	51,367
26	Feb	7	(a)	Charlton A	D	0-0		15,482
27		14	(h)	Watford	W	3-1	McGrath, Davenport (pen), Strachan	35,763
28		21	(a)	Chelsea	D	1-1	Davenport (pen)	26,516
29		28	(h)	Everton	D	0-0		47,421
30	Mar	7	(h)	Manchester C	W	2-0	Reid (og), Robson	43,619
31		14	(a)	Luton T	L	1-2	Robson	12,509
32		21	(a)	Sheffield W	L	0-1		29,888
33		28	(h)	Nottingham F	W	2-0	McGrath, Robson	39,182
34	Apr	4	(h)	Oxford U	W	3-2	Davenport 2, Robson	32,443
35		14	(a)	West Ham U	D	0-0		23,486
36		18	(a)	Newcastle U	L	1-2	Strachan	32,706
37		20	(h)	Liverpool	W	1-0	Davenport	54,103
38		25	(a)	QPR	D	1-1	Strachan	17,414
39	May	2	(h)	Wimbledon	L	0-1		31,686
40		4	(a)	Tottenham H	L	0-4		36,692
41		6	(h)	Coventry C	D	1-1	Whiteside	23,407
42		9	(h)	Wimbledon	W	3-1	Blackmore, Duxbury, Robson	35,179

FINAL LEAGUE POSITION: 11th in Division One

Appearances
Sub. Appearances
Goals

Turner	Duxbury	Albiston	Whiteside	McGrath	Moran	Strachan	Blackmore	Stapleton	Davenport	Gibson C	Olsen	Gibson T	Sivebaek	Hogg	Robson	Moses	Barnes	Walsh	O'Brien	Garton	Gill	Bailey	Wood			
1	2	3	4	5	6	7	8	9	10	11*	12															1
1	2	3	4	5	6	7	8	9	10	11*	12															2
1	2	3	4*	5	6	7	8	9	10		11	12														3
1	8	3	4	5		7		9	12		11	10*	2	6												4
1		3	4	5	6	8*		9	10		11	12	2		7											5
1		3		5	6		8	9	10		11		2		7	4										6
1		3	4*	5	6	8		9	10		12		2		7	11										7
1		3	4	5	6	8		9	10		12		2		7	11*										8
1		3	4	5	6	8		9	10		11		2		7											9
1		3	4	5		8		9	10				2	6	7		11									10
1		3	4	5		8*		9	10			12	2	6	7		11									11
1		3	4	5				9	10				2	6	7	8	11									12
1		3	4	5		8		9	10		11		2	6	7*	12										13
1	2	3		5*	4		7	9	10		12			6		8	11									14
1	3			5	12		8	9	10		7		2*	6		4	11									15
1	3			5		12	8	9	10		7		2	6		4	11*									16
1	3			5	6		8	9	10		7		2		12	4	11*									17
1	3		9	5*	6	8		12	10		11		2		7	4										18
	3		9		5	8		12	10*		11		2	6	7	4		1								19
			9		5	8		12	10	3	11		2	6	7			1	4*							20
	6		4		5	8		9	10	3	11		2		7			1								21
	6		4			8		9	10	3	11		2		7*		1	12	5							22
1	7		9*		6	8		12	10	3	11		2					4	5							23
1	2				6	8		9	12	3	11	10						4	5	7*						24
1	3*		4	12	6	8	7	9			11	10	2					5								25
1	4				6	8		9	12	3	11	10*	2		7			5								26
1	4			5	6	8		12	9	3	11	10			7			2*								27
	2		4	5	6	8		12	9	3	11*	10			7					1						28
	2		4	5	6	11			9*	3		10	8		7		12			1						29
	4		9	5	6	8*			12	3		10	2		7		11			1						30
	4		9	5	6	8			12	3*		10	2		7		11			1						31
	3		9	5	6	8			10	11		12			7		4	2*		1						32
	6	12	10	5				9		3			2		7	8	1	4			11*					33
	6	12		5				9	11	3			2		7	8	1	4			10*					34
	2	12		5	6	8		9	11	3		10			7*	4	1									35
	2		10	5	6	8		12	11	3		9*				4	1	7								36
	7	3*	10	5	6	8		12	9	11			2			4	1									37
	2	3	9	5	6	8			10	11			12		7	4*	1									38
	2	3		5	6	8		12	9	11	10				7	4*	1									39
	4		10	5	6	8	12			3	11	9	2*		7		1									40
	4	3	9	5	6	8*	12		10	11					7		1		2							41
	4	3	9*	5	6		8		10	11	12				7		1		2							42
23	32	19	31	34	32	33	10	25	34	24	22	12	27	11	29	17	7	14	9	9	1	5	2			
		3		1	1	1	2	9	5		6	4	1		1	1		3								
		1		8	2		4	1	7	14	1	3	1	1		7										

51

1987-88

1	Aug	15	(a)	Southampton	D	2-2	Whiteside 2	21,214
2		19	(h)	Arsenal	D	0-0		42,890
3		22	(h)	Watford	W	2-0	McGrath, McClair	38,582
4		29	(a)	Charlton A	W	3-1	McClair, Robson, McGrath	14,046
5		31	(h)	Chelsea	W	3-1	McClair, Strachan, Whiteside	46,478
6	Sep	5	(a)	Coventry C	D	0-0		27,125
7		12	(h)	Newcastle U	D	2-2	Olsen, McClair (pen)	45,137
8		19	(a)	Everton	L	1-2	Whiteside	38,439
9		26	(h)	Tottenham H	W	1-0	McClair (pen)	47,601
10	Oct	3	(a)	Luton T	D	1-1	McClair	9,137
11		10	(a)	Sheffield W	W	4-2	Robson, McClair 2, Blackmore	32,779
12		17	(h)	Norwich C	W	2-1	Davenport, Robson	39,345
13		25	(a)	West Ham U	D	1-1	Gibson	19,863
14		31	(h)	Nottingham F	D	2-2	Robson, Whiteside	44,669
15	Nov	15	(h)	Liverpool	D	1-1	Whiteside	47,106
16		21	(a)	Wimbledon	L	1-2	Blackmore	11,532
17	Dec	5	(a)	QPR	W	2-0	Davenport, Robson	20,632
18		12	(h)	Oxford U	W	3-1	Strachan 2, Olsen	34,709
19		19	(a)	Portsmouth	W	2-1	Robson, McClair	22,207
20		26	(a)	Newcastle U	L	0-1		26,461
21		28	(h)	Everton	W	2-1	McClair 2 (1 pen)	47,024
22	Jan	1	(h)	Charlton A	D	0-0		37,257
23		2	(a)	Watford	W	1-0	McClair	18,038
24		16	(h)	Southampton	L	0-2		35,716
25		24	(a)	Arsenal	W	2-1	Strachan, McClair	29,392
26	Feb	6	(h)	Coventry C	W	1-0	O'Brien	37,144
27		10	(a)	Derby Co	W	2-1	Whiteside, Strachan	20,016
28		13	(a)	Chelsea	W	2-1	Bruce, O'Brien	25,014
29		23	(a)	Tottenham H	D	1-1	McClair	25,731
30	Mar	5	(a)	Norwich C	L	0-1		19,129
31		12	(h)	Sheffield W	W	4-1	Blackmore, McClair 2, Davenport	33,318
32		19	(a)	Nottingham F	D	0-0		27,598
33		26	(h)	West Ham U	W	3-1	Strachan, Anderson, Robson	37,269
34	Apr	2	(h)	Derby Co	W	4-1	McClair 3, Gibson	40,146
35		4	(a)	Liverpool	D	3-3	Robson 2, Strachan	43,497
36		12	(h)	Luton T	W	3-0	McClair, Robson, Davenport	28,830
37		30	(h)	QPR	W	2-1	Bruce, Parker (og)	35,733
38	May	2	(a)	Oxford U	W	2-0	Anderson, Strachan	8,966
39		7	(h)	Portsmouth	W	4-1	McClair 2 (1 pen), Davenport, Robson	35,105
40		9	(h)	Wimbledon	W	2-1	McClair 2 (1 pen)	28,040

FINAL LEAGUE POSITION: 2nd in Division One

Appearances

Sub. Appearances

Goals

Walsh	Anderson	Duxbury	Moses	McGrath	Moran	Robson	Strachan	McClair	Whiteside	Olsen	Albiston	Davenport	Gibson	Hogg	Garton	Blackmore	O'Brien	Graham	Turner	Bruce	Martin	
1	2	3	4*	5	6	7	8	9	10	11†	12	14										1
1	2	3	4	5	6	7	8	9	10	11												2
1	2	3	4	5	6	7	8*	9	10	11†	14	12										3
1	2	3	4	5	6	7	8*	9	10	11†		14	12									4
1	2	7	4	5	6		8	9	10	11	3*		12									5
1	2	7	4	5	6		8	9	10	11†	3*	14	12									6
1	2	3	4	5	6	7	8	9	10	11*		12										7
1	2	3	4	5		7	8†	9	10	11		14		6*	12							8
1	2*	6		5		7	8†	9	10	11		14	3		4	12						9
1		6		5		7	8	9	10	11			3		4	2*	12					10
1		4		5	6*	7	8†	9	10	11		14	3		2	12						11
1		4		5	12	7		9	10	11		8	3		2*	6†	14					12
1	2	4		5	6	7	8*	9		11		10	3			12						13
1	2	4			6	7	12	9	10*	11		8	3	5								14
1	2	4		6*		7	8	9	10	11		12	3			5						15
1	2	3*	4		6	7		9	10	11	12					5	14	8†				16
	2	4		5	7	8	9		11	3	10				6		1					17
	2	4		5	7*	8	9	10	11	12	6	3					1					18
	2	6		5	7	8	9	10	11*		12	3					1	4				19
	12	2	6†	5	7	8	9	10	14		11	3*					1	4				20
	2	6	12	5	7	8*	9	10†			14	3					1	4				21
	2	5	6*		7	8	9		11†		10	3		14	12		1	4				22
	2	6		5†	7	8	9	10		3*	12	11				14	1	4				23
	2	8	6	5†	7	12	9		11		10	3*				14	1	4				24
	2	3			7	8	9	10	11				6		5*	12	1	4				25
	2	3			7	8	9	10	11	12			6			5*	1	4				26
	2	3*			7	8	9	10	11†	12	14		6			5	1	4				27
	2					7		9	10		3	8	11*	6		12	5	1	4			28
	2†	3				12	9	10	14		7	11	6*			8	5	1	4			29
		3*		6	7	8	9		12		10	11				2	5	1	4			30
		5			7	8	9		11*		10	3	6			2	12	1	4			31
	2	5	14			9	7	8			10	11*	6†			3	12	1	4			32
	2	6	5		7	8*	9		12		10	11				3		1	4			33
	2	6	5†		7	8	9		12	10*	11	4				3	14	1				34
	2	6*	5		7	8	9	14	12		10	11		3†				1	4			35
	2	6	5		7	8	9		12		10	11				3		1	4			36
	2	6	5		7	8	9		11	10						3*	12	1	4			37
	2*	6	5		7	8	9		11		10	3				12		1	4			38
	2†	6	5*		7	8	9		11		10	3	12			14		1	4			39
		2	6*	5		7	8	9			10	11				3		1	4	12		40
16	30	39	16	21	20	36	33	40	26	30	5	21	26	9	5	15	6	1	24	21		
	1		1	1	1		3		1	7	6	13	3	1	1	7	11		1			
	2			2		11	8	24	7	2		5	2			3	2		2			

1988-89

#	Month	Date		Opponent	Result	Score	Scorers	Attendance
1	Aug	27	(h)	QPR	D	0-0		26,377
2	Sep	3	(a)	Liverpool	L	0-1		42,026
3		10	(h)	Middlesbrough	W	1-0	Robson	40,422
4		17	(a)	Luton T	W	2-0	Davenport, Robson	11,010
5		24	(h)	West Ham U	W	2-0	Davenport, Hughes	29,941
6	Oct	1	(a)	Tottenham H	D	2-2	Hughes, McClair	29,318
7		22	(a)	Wimbledon	D	1-1	Hughes	12,143
8		26	(h)	Norwich C	L	1-2	Hughes	36,998
9		30	(a)	Everton	D	1-1	Hughes	27,005
10	Nov	5	(h)	Aston Villa	D	1-1	Bruce	44,804
11		12	(a)	Derby Co	D	2-2	Hughes, McClair	24,080
12		19	(h)	Southampton	D	2-2	Robson, Hughes	37,277
13		23	(h)	Sheffield W	D	1-1	Hughes	30,867
14		27	(a)	Newcastle U	D	0-0		20,350
15	Dec	3	(h)	Charlton A	W	3-0	Milne, McClair, Hughes	31,173
16		10	(a)	Coventry C	L	0-1		19,936
17		17	(a)	Arsenal	L	1-2	Hughes	37,422
18		26	(h)	Nottingham F	W	2-0	Milne, Hughes	39,582
19	Jan	1	(h)	Liverpool	W	3-1	McClair, Hughes, Beardsmore	44,745
20		2	(a)	Middlesbrough	L	0-1		24,411
21		14	(h)	Millwall	W	3-0	Blackmore, Gill, Hughes	40,931
22		21	(a)	West Ham U	W	3-1	Strachan, Martin, McClair	29,822
23	Feb	5	(h)	Tottenham H	W	1-0	McClair	41,423
24		11	(a)	Sheffield W	W	2-0	McClair 2	34,820
25		25	(a)	Norwich C	L	1-2	McGrath	23,155
26	Mar	12	(h)	Aston Villa	D	0-0		28,332
27		25	(h)	Luton T	W	2-0	Milne, Blackmore	36,335
28		27	(a)	Nottingham F	L	0-2		30,092
29	Apr	2	(h)	Arsenal	D	1-1	Adams (og)	37,977
30		8	(a)	Millwall	D	0-0		17,523
31		15	(h)	Derby Co	L	0-2		34,145
32		22	(a)	Charlton A	L	0-1		12,056
33		29	(h)	Coventry C	L	0-1		29,799
34	May	2	(h)	Wimbledon	W	1-0	McClair	23,368
35		6	(a)	Southampton	L	1-2	Beardsmore	17,021
36		8	(h)	QPR	L	2-3	Bruce, Blackmore	10,017
37		10	(h)	Everton	L	1-2	Hughes	26,722
38		13	(h)	Newcastle U	W	2-0	McClair, Robson	30,379

FINAL LEAGUE POSITION: 11th in Division One

Appearances
Sub. Appearances
Goals

Leighton	Blackmore	Martin	Bruce	McGrath	McClair	Robson	Strachan	Davenport	Hughes	Olsen	O'Brien	Anderson	Duxbury	Garton	Sharpe	Beardsmore	Robins	Donaghy	Gibson	Milne	Gill	Wilson	Maiorana	Whiteside	Brazil	
1	2	3	4	5	6	7	8	9*	10	11	12															1
1	3		4	5*	9	7	8†	14	10	11		2	6	12												2
1	3		4	5	9	7		8	10	11			6	2												3
1	3		4	5	9	7		8	10	11			6	2												4
1	2		4		9	7	8	11	10	12			6	5†	3*	14										5
1			4	5	9	7	8	11*	10	12		14	6	2†	3											6
1	2		4		9	7	8*	11†	10				6	5	3	12	14									7
1	2		4		9	7	8	11*	10	12			6	5	3											8
1	3		4		9	7	8*		10	11	14		5	2				6†	12							9
1	2		4		9	7	8		10	11	5		12					6	3*							10
1	3		4		9	7	8		10	12			5*	2	11			6								11
1	3		4		9	7	8		10				2	11*				6		5	12					12
1	3†		4		9	7	8*		10				2	11				6		5	12	14				13
1	3	12	4		9	7			10				2	11†			14	6		8*	5					14
1	5	3	4		9	7	8		10				2					6		11						15
1	5	3	4		9	7	8		10			2*	11					6		14	12†					16
1	5*	2†	4		9	7	8		10				3	14				6		11	12					17
1		2	4		9	7	8		10				3	5				6		11						18
1		2*	4	12	9	7	8†		10				3	5	14			6		11						19
1			4	5	9	7			10				3	8*	14			6		11	2†	12				20
1	8	2	4		9				10				3	5*				6		11†	7	12	14			21
1	5	3	4		9	7	8*		10				12					6		11	2					22
1	5	2	4	12	9	7	8†		10				3*	14				6		11						23
1	5	3	4	2	9	7	8		10*					12				6		11						24
1	2†	12	4	5	9	7	8		10				3	14				6		11*						25
1	12	3†	4	5	9	7	8		10				11	2*				6		14						26
1	3	2	4	5	9	7			10					8*				6		11		12				27
1	3	12	4	5*	9	7			10		2			8				6		11†	14					28
1	14	12	4	5	9	7			10		2			8†		3						11*	6			29
1		11	4	5*	9	7			10		2			8		3						12	6			30
1		3	4	5	9				10		2†	12		8*	7	6						14	11			31
1			4	5	9	7			10		2			8	12	3		11*					6			32
1		11*	4	5	9	7			10		2			8	12	3							6			33
1		11	4	5	9	7			10		2			8		3						12	6*			34
1		11*	4	5	9	7†			10		2		12	8		3		14					6			35
1	5	11	4		9				10		2		3*	8	12	6		7								36
1	5*	11	4		9				10		2†		3	8	12	6		7						14		37
1	5†	3	4		9	7			10		2		14	8	12	6		11*								38
38	26	20	38	18	38	34	21	7	38	6	1	5	16	13	19	17	1	30	1	19	4		2	6		
	2	4		2						1		4	2	1	2	1	3	6	9		1	3	5	4	4	1
	3	1	2	1	10	4	1	2	14					2				3	1							

55

1989-90

1	Aug	19	(h)	Arsenal	W	4-1	Bruce, Hughes, Webb, McClair	47,245
2		22	(a)	Crystal Palace	D	1-1	Robson	22,423
3		26	(a)	Derby Co	L	0-2		22,175
4		30	(h)	Norwich C	L	0-2		39,610
5	Sep	9	(a)	Everton	L	2-3	McClair, Beardsmore	37,916
6		16	(h)	Millwall	W	5-1	Hughes 3, Robson, Sharpe	42,746
7		23	(a)	Manchester C	L	1-5	Hughes	43,246
8	Oct	14	(h)	Sheffield W	D	0-0		41,492
9		21	(a)	Coventry C	W	4-1	Bruce, Hughes 2, Phelan	19,605
10		28	(h)	Southampton	W	2-1	McClair 2	37,122
11	Nov	4	(a)	Charlton A	L	0-2		16,065
12		12	(h)	Nottingham F	W	1-0	Pallister	34,182
13		18	(a)	Luton T	W	3-1	Wallace, Blackmore, Hughes	11,141
14		25	(h)	Chelsea	D	0-0		47,106
15	Dec	3	(a)	Arsenal	L	0-1		34,484
16		9	(h)	Crystal Palace	L	1-2	Beardsmore	33,514
17		16	(h)	Tottenham H	L	0-1		36,230
18		23	(a)	Liverpool	D	0-0		37,426
19		26	(a)	Aston Villa	L	0-3		41,247
20		30	(a)	Wimbledon	D	2-2	Hughes, Robins	9,622
21	Jan	1	(h)	QPR	D	0-0		34,824
22		13	(h)	Derby Co	L	1-2	Pallister	38,985
23		21	(a)	Norwich C	L	0-2		17,370
24	Feb	3	(h)	Manchester C	D	1-1	Blackmore	40,274
25		10	(a)	Millwall	W	2-1	Wallace, Hughes	15,491
26		24	(a)	Chelsea	L	0-1		29,979
27	Mar	3	(h)	Luton T	W	4-1	McClair, Hughes, Wallace, Robins	35,327
28		14	(h)	Everton	D	0-0		37,398
29		18	(h)	Liverpool	L	1-2	Whelan (og)	46,629
30		21	(a)	Sheffield W	L	0-1		33,260
31		24	(a)	Southampton	W	2-0	Gibson, Robins	20,510
32		31	(h)	Coventry C	W	3-0	Hughes 2, Robins	39,172
33	Apr	14	(a)	QPR	W	2-1	Robins, Webb	18,997
34		17	(h)	Aston Villa	W	2-0	Robins 2	44,080
35		21	(a)	Tottenham H	L	1-2	Bruce (pen)	33,317
36		30	(h)	Wimbledon	D	0-0		29,281
37	May	2	(a)	Nottingham F	L	0-4		21,186
38		5	(h)	Charlton A	W	1-0	Pallister	35,389

FINAL LEAGUE POSITION: 13th in Division One

Appearances
Sub. Appearances
Goals

Leighton	Duxbury	Blackmore	Bruce	Phelan	Donaghy	Robson	Webb	McClair	Hughes	Sharp	Martin	Graham	Pallister	Robins	Anderson	Beardsmore	Ince	Wallace	Maiorana	Milne	Brazil	Gibson	Sealey	Bosnich	
1	2	3	4	5	6	7	8	9	10	11*	12														1
1	2	3	4	5	6	7	8	9	10	11															2
1	2	6	4	5		7	8	9	10	11	3*	12													3
1	2	3†	4	5		7*	8	9	10	11	12		6	14											4
1	2*	8	4	5	7			9	10	11	3†		6		12	14									5
1	12		4†	5	3	7		9	10	11			6		2	14	8*								6
1	4			5	3			9	10	12			6		2	7*	8	11							7
1	2*		4	5	3	7		9	10	14	12		6				8	11†							8
1	12		4	5	2	7		9	10	11†	3		6				8*		14						9
1		12	4	5	2	7		9	10	11	3		6				8*								10
1		12	4	5	2†	7		9	10	11*	3		6				8	14							11
1		2	4	5		7		9	10	12	3		6				8	11*							12
1		2	4	5		7		9	10		3		6				8	11							13
1	12	2	4	5		7		9	10		3*		6			14	8	11†							14
1	2*		4	5		7		9	10		3		6			12	8	11							15
1		14	4	5†		7		9	12	10*	3		6			2	8	11							16
1		14	4*	5		7		9	10	3			6		12	2†	8	11							17
1		2	4	5		7		9	10	12	3		6				8	11*							18
1	12	7†	4	5				9	10	11	3*		6	14	2		8								19
1		7	4	5				9	10	12	3		6	11	2		8*								20
1	12	8†	4	5				9	10	7*	3		6	11	2	14									21
1	12	8*	4	5				9	10		3		6	11	2	7†			14						22
1		14	4	5†				9	10		3		6	7	2	12	8*	11							23
1	8	7		5	4*			9	10		3		6	14	2	12		11†							24
1	8	7†		5				9	10		3		6	14	2*	4		11		12					25
1	7*		4	5	14			9	10		3		6		2†	12	8	11							26
1			4	5				9	10		3		6	7	2	12	8	11*							27
1	2	14	4	5				9	10*		3		6	7†		12	8	11							28
1	12	7	4	5				9	10		3		6		2*	14	8	11†							29
1		11*	4	5	2			9	10		3		6			7†	12	14			8				30
1			4	5	2		12	9	10†		3		6	14			8	11			7*				31
1			4	5	2*		7	9	10		12		6	14			8	11†			3				32
			4*	5		7	8	9	10†		3		6	14			2	11			12	1			33
		14		5		7	8	9	10				6	4	2*	12		11			3†	1			34
1		14	4	5		7	8†	9	10		3		6	2		12		11*							35
		14	4	5				10		3		6	9*	2	7	8	12		11†		1				36
1	2	3	4	5			8	9					6	10		7		11							37
1			4	5		7	8	9	10		3		6			2		11							38
35	12	19	34	38	13	20	10	37	36	13	28		35	10	14	8	25	23			5	2	1		
	7	9			1		1			1	5	4	1		7	2	13	1	3	1	1	1	1		
		2	3	1		2	2	5	13	1			3	7		2		3			1				

1990-91

1	Aug	25	(h)	Coventry C	W 2-0	Bruce, Webb	46,715
2		28	(a)	Leeds U	D 0-0		29,172
3	Sep	1	(a)	Sunderland	L 1-2	McClair	26,105
4		4	(a)	Luton T	W 1-0	Robins	12,576
5		8	(h)	QPR	W 3-1	McClair, Robins 2	43,427
6		16	(a)	Liverpool	L 0-4		35,726
7		22	(h)	Southampton	W 3-2	McClair, Blackmore, Hughes	41,228
8		29	(h)	Nottingham F	L 0-1		46,766
9	Oct	20	(h)	Arsenal	L 0-1		47,232
10		27	(a)	Manchester C	D 3-3	Hughes, McClair 2	36,427
11	Nov	3	(h)	Crystal Palace	W 2-0	Webb, Wallace	45,724
12		10	(a)	Derby Co	D 0-0		21,115
13		17	(h)	Sheffield U	W 2-0	Bruce, Hughes	45,903
14		25	(h)	Chelsea	L 2-3	Wallace, Hughes	37,836
15	Dec	1	(a)	Everton	W 1-0	Sharpe	32,400
16		8	(h)	Leeds U	D 1-1	Webb	40,927
17		15	(a)	Coventry C	D 2-2	Hughes, Wallace	17,106
18		22	(a)	Wimbledon	W 3-1	Bruce 2 (2 pens), Hughes	9,744
19		26	(h)	Norwich C	W 3-0	Hughes, McClair 2	39,801
20		29	(h)	Aston Villa	D 1-1	Bruce (pen)	47,485
21	Jan	1	(a)	Tottenham H	W 2-1	Bruce (pen), McClair	29,399
22		12	(h)	Sunderland	W 3-0	Hughes 2, McClair	45,934
23		19	(a)	QPR	D 1-1	Phelan	18,544
24	Feb	3	(h)	Liverpool	D 1-1	Bruce (pen)	43,690
25		26	(a)	Sheffield U	L 1-2	Blackmore (pen)	27,570
26	Mar	2	(h)	Everton	L 0-2		45,656
27		9	(a)	Chelsea	L 2-3	Hughes, McClair	22,818
28		13	(a)	Southampton	D 1-1	Ince	15,701
29		16	(a)	Nottingham F	D 1-1	Blackmore	23,859
30		23	(h)	Luton T	W 4-1	Bruce 2, Robins, McClair	41,752
31		30	(a)	Norwich C	W 3-0	Bruce 2 (1 pen), Ince	18,282
32	Apr	2	(h)	Wimbledon	W 2-1	Bruce, McClair	36,660
33		6	(a)	Aston Villa	D 1-1	Sharpe	33,307
34		16	(h)	Derby Co	W 3-1	Blackmore, McClair, Robson	32,776
35	May	4	(h)	Manchester C	W 1-0	Giggs	45,286
36		6	(a)	Arsenal	L 1-3	Bruce (pen)	40,229
37		11	(a)	Crystal Palace	L 0-3		25,301
38		20	(h)	Tottenham H	D 1-1	Ince	46,791

FINAL LEAGUE POSITION: 6th in Division One

Appearances

Sub. Appearances

Goals

Sealey	Irwin	Donaghy	Bruce	Phelan	Pallister	Webb	Ince	McClair	Hughes	Blackmore	Beardsmore	Robins	Anderson	Sharpe	Martin	Wallace	Robson	Walsh	Ferguson	Giggs	Whitworth	Wratten	Bosnich	Kanchelskis	
1	2	3	4	5	6	7	8	9	10	11															1
1	2	3	4	5	6	7	8*	9	10	11	12														2
1	2	3*	4	5	6	7	8	9	10†	11	12	14													3
1	2	14	4	5	6	7	8	9	12	3	11†	10*													4
1	2		4	5	6	7	8	9		3	11	10													5
1	2	14	4	5	6†	7	8*	9	10	3	12	11													6
1	2†	3		5	6	7		9	10	11	12	8*	4	14											7
1	2	4		5	6	7	8	9	12	3	11†	10*		14											8
1	2†		4	5	6	7	8	9	10	3		12	11*	14											9
1	2		4		6	7	8	9	10	5			11*	3	12										10
1	2		4	5	6	7	8	9		3			11	12	10*										11
1	2†	14	4	5	6	7	8	9	10	3			11*		12										12
1	2*		4	5	6	7	8	9	10	3			11		12										13
1	2		4	5†	6	7	8	9	10	3*			14	12	11										14
1	2	4		5	6	14	8†	9	10	3			7*	12	11										15
1	2*	14	4	5†	6	8		9	10	3			7		11	12									16
1	14		4	5	6	7	8†	9	10	2			3*		11	12									17
1		3	4	5	6	11	8	9	10	2*					12	7									18
1	2	14	4	12	6	5	8	9	10	3			11†		7*										19
1	2		4	12	6	5	8	9	10	3			11		7*										20
1	2†		4	5*	6	7	8	9	10	3		12	11	14											21
1	2		4	12	6	5*	8†	9	10	3		14	11		7										22
1	2	6	4	5		8		9	10	11	7*	12		14	3†										23
1	2		4	5†	6	8*		9	10	3			11	14	12	7									24
	2	5			6	4†	8	9		10		12		3	11	7*	1	14							25
1	2†	5			6		8	9		10	12		7	3*	11			4	14						26
1		4		5	6		8	9	10	2*			11	3	12	7									27
1		4		5	6		8	9			7*	12	11	3	10		14		2†						28
1	2	12	4	5	6		8		10	9			3*	11	7										29
1	2		4	5	6		9	10	3			12	11	8*	7										30
1	2*		4	5	6	9	8	12	10	3		14		11†	7										31
	2	3	4†	5	6	7	8	9		10		12		11*			1			14					32
1	2	3	4	5*	6	8		9	10			12		11		7									33
	2	3	4		6	5*	8	12	10	9				11	7					1					34
	2	12	4	5	6	8		9	10	3				7	1	11*									35
		6	4	2		5	8	9	10*	3	12	11			7†	1	14								36
	2	3	4		6*	5	8			12	9†			11		1	10			14	7				37
	2†	14	4	5	6		8	9	10	3			12		11*	7				1					38
31	33	17	31	30	36	31	31	34	29	35	5	7	1	20	7	13	15	5	2	1	1	2	1		
	1	8		3		1		2	2		7	12	3	7	6	2		3	1		2				
		13	1			3	3	13	10	4		4	2		3	1		1							

59

1991-92

1	Aug	17	(h)	Notts Co	W	2-0	Hughes, Robson	46,278
2		21	(a)	Aston Villa	W	1-0	Bruce (pen)	39,995
3		24	(a)	Everton	D	0-0		36,085
4		28	(h)	Oldham A	W	1-0	McClair	42,078
5		31	(h)	Leeds U	D	1-1	Robson	43,778
6	Sep	3	(a)	Wimbledon	W	2-1	Blackmore, Pallister	13,824
7		7	(h)	Norwich C	W	3-0	Irwin, McClair, Giggs	44,946
8		14	(a)	Southampton	W	1-0	Hughes	19,264
9		21	(h)	Luton T	W	5-0	Ince, Bruce (pen), McClair 2, Hughes	46,491
10		28	(a)	Tottenham H	W	2-1	Hughes, Robson	35,087
11	Oct	6	(h)	Liverpool	D	0-0		44,997
12		19	(h)	Arsenal	D	1-1	Bruce	46,594
13		26	(a)	Sheffield W	L	2-3	McClair 2	38,260
14	Nov	2	(h)	Sheffield U	W	2-0	Beesley (og), Kanchelskis	42,942
15		16	(a)	Manchester C	D	0-0		38,180
16		23	(h)	West Ham U	W	2-1	Giggs, Robson	47,185
17		30	(a)	Crystal Palace	W	3-1	Webb, McClair, Kanchelskis	29,017
18	Dec	7	(h)	Coventry C	W	4-0	Bruce, Webb, McClair, Hughes	42,549
19		15	(a)	Chelsea	W	3-1	Irwin, McClair, Bruce (pen)	23,120
20		26	(h)	Oldham A	W	6-3	Irwin 2, Kanchelskis, McClair 2, Giggs	18,947
21		29	(a)	Leeds U	D	1-1	Webb	32,638
22	Jan	1	(h)	QPR	L	1-4	McClair	38,554
23		11	(h)	Everton	W	1-0	Kanchelskis	46,619
24		18	(a)	Notts Co	D	1-1	Blackmore (pen)	21,055
25		22	(h)	Aston Villa	W	1-0	Hughes	45,022
26	Feb	1	(a)	Arsenal	D	1-1	McClair	41,703
27		8	(h)	Sheffield W	D	1-1	McClair	47,074
28		22	(h)	Crystal Palace	W	2-0	Hughes 2	46,347
29		26	(h)	Chelsea	D	1-1	Hughes	44,872
30		29	(a)	Coventry C	D	0-0		23,967
31	Mar	14	(a)	Sheffield U	W	2-1	McClair, Blackmore	30,183
32		18	(a)	Nottingham F	L	0-1		28,062
33		21	(h)	Wimbledon	D	0-0		45,428
34		28	(a)	QPR	D	0-0		22,603
35		31	(a)	Norwich C	W	3-1	Ince 2, McClair	17,489
36	Apr	7	(h)	Manchester C	D	1-1	Giggs	46,781
37		16	(h)	Southampton	W	1-0	Kanchelskis	43,972
38		18	(a)	Luton T	D	1-1	Sharpe	13,410
39		20	(h)	Nottingham F	L	1-2	McClair	47,576
40		22	(a)	West Ham U	L	0-1		24,197
41		26	(a)	Liverpool	L	0-2		38,669
42	May	2	(h)	Tottenham H	W	3-1	McClair, Hughes 2	44,595

FINAL LEAGUE POSITION: 2nd in Division One

Appearances
Sub. Appearances
Goals

60

Schmeichel	Irwin	Blackmore	Bruce	Ferguson	Parker	Robson	Ince	McClair	Hughes	Kanchelskis	Pallister	Giggs	Donaghy	Webb	Phelan	Martin	Robins	Sharpe	Walsh	
1	2	3	4	5†	6	7	8*	9	10	11	12	14								1
1	2	3	4		6	7	8	9	10	11			5							2
1	2†	3*	4		6	7	8	9	10		14	11	5	12						3
1	3	12	4	14	2	7	8*	9	10		6	11	5†							4
1	3	11	4†		2	7	8*	9	10		6	12	5	14						5
1	12	11	4		2	7		9	10		6		3	8	5*					6
1	3	12	4		2	7		9	10	8*	6	11	5†	14						7
1	3		4			7	12	9	10	8*	6	11	5	2						8
1	3	9*	4			7	8	12	10		6	11	5	2						9
1	3	12	4			7	8	9	10	5*	6	11		2						10
1	3	5	4			7	8†	9	10	12	6	11	14		2*					11
1	3	2	4			7	8	9	10	12	6	11	5†							12
1	3	10	4*		2	7		9		8	6	11	5		12					13
1		3	4		2	12	8	9		7*	14	11†	6	5		10				14
1	3	8	4		2	7	12	9	10		6	11	5*							15
1	3	12	4		2*	7		9	10	8	6	11	5							16
1	3*	12	4		2	7		9	10	8	6	11	5							17
1	3	12	4		2*		8	9	10	7	6	11	5							18
1	3	12	4		2		8	9	10	7	6	11*	5							19
1	3*	12	4		2	7†	8	9	10	11	6	14	5							20
1		3*	4		2		8	9	10	7†	6	11	14	5			12			21
1		3	4		2		8	9	10		6	12		5	7*		11			22
1		3*	4		2		8	9	10	7	6	11	12	5						23
1	3	12	4*		2		8	9	10	7	6	11†		5		14				24
1	3		4			7	8	9	10	11	6		2	5						25
1	3				4	7	8*	9	10	11	6	12	2	5						26
1	3					7	8	9	10	11	6	2*	5	5†	14		12			27
1	3				14	7	8	9	10	11*	6	4	2	5†			12			28
	3	12			14	7†	8	9	10	11*	6	4	2	5				1		29
	3	12			2		8	9	10	7*	6	11	4	5				1		30
1	3	12	4*		2	7	8	9		11	6			5		10				31
1	3	2	4				8	9	10*	12	6	14		5†	7		11			32
1	3	2	4				8	9	10	7	6	11		5*			12			33
1	3		4			7		9	10	8*	6	11	2	5			12			34
1	3	12	4			7*	8	9	10		6	5	2				11			35
1	3	5*	4				8	9	10	12	6	7	2				11			36
1	3		4		2		8*	9	10	7	6	11		12	5					37
1	3	14	4		2†			9	10*	12	6	7		8	5		11			38
1	3	2	4					9	12	7	6	10	14	8*	5		11†			39
1	2	8*	4	14				9	10	12	6	7	3†		5		11			40
1	2		4			7	8	9	10		5	6*	11	3			12			41
1	3		4	2			8*	9	10	7		11			5		12			42
40	37	19	37	2	24	26	31	41	38	28	37	32	16	29	14	1	8	2		
	1	14		2	2	1	2	1	1	6	3	6	4	2	4	1	6			
	4	3	5		4	3	18	11	5	1	4		3			1				

61

1992-93

1	Aug	15	(a)	Sheffield U	L	1-2	Hughes	28,070
2		19	(h)	Everton	L	0-3		31,901
3		22	(h)	Ipswich T	D	1-1	Irwin	31,704
4		24	(a)	Southampton	W	1-0	Dublin	15,623
5		29	(a)	Nottingham F	W	2-0	Hughes, Giggs	19,694
6	Sep	2	(h)	Crystal Palace	W	1-0	Hughes	29,736
7		6	(h)	Leeds U	W	2-0	Kanchelskis, Bruce	31,296
8		12	(a)	Everton	W	2-0	McClair, Bruce (pen)	30,002
9		19	(a)	Tottenham H	D	1-1	Giggs	33,296
10		26	(h)	QPR	D	0-0		33,287
11	Oct	3	(a)	Middlesbrough	D	1-1	Bruce (pen)	24,172
12		18	(h)	Liverpool	D	2-2	Hughes 2	33,243
13		24	(a)	Blackburn R	D	0-0		20,305
14		31	(h)	Wimbledon	L	0-1		32,622
15	Nov	7	(a)	Aston Villa	L	0-1		39,063
16		21	(h)	Oldham A	W	3-0	McClair, Hughes	33,497
17		28	(a)	Arsenal	W	1-0	Hughes	29,739
18	Dec	6	(h)	Manchester C	W	2-1	Ince, Hughes	35,408
19		12	(h)	Norwich C	W	1-0	Hughes	34,500
20		19	(a)	Chelsea	D	1-1	Cantona	34,464
21		26	(a)	Sheffield W	D	3-3	McClair 2, Cantona	37,708
22		28	(h)	Coventry C	W	5-0	Giggs, Hughes, Cantona (pen), Sharpe, Irwin	36,025
23	Jan	9	(h)	Tottenham H	W	4-1	Cantona, Irwin, McClair, Parker	35,648
24		18	(a)	QPR	W	3-1	Ince, Giggs, Kanchelskis	21,177
25		27	(h)	Nottingham F	W	2-0	Ince, Hughes	36,085
26		30	(a)	Ipswich T	L	1-2	McClair	22,068
27	Feb	6	(h)	Sheffield U	W	2-1	McClair, Cantona	36,156
28		8	(a)	Leeds U	D	0-0		34,166
29		20	(h)	Southampton	W	2-1	Giggs 2	36,257
30		27	(h)	Middlesbrough	W	3-0	Giggs, Irwin, Cantona	36,251
31	Mar	6	(a)	Liverpool	W	2-1	Hughes, McClair	44,374
32		9	(a)	Oldham A	L	0-1		17,106
33		14	(h)	Aston Villa	D	1-1	Hughes	36,163
34		20	(a)	Manchester C	D	1-1	Cantona	37,136
35		24	(h)	Arsenal	D	0-0		37,301
36	Apr	5	(a)	Norwich C	W	3-1	Giggs, Kanchelskis, Cantona	20,582
37		10	(h)	Sheffield W	W	2-1	Bruce 2	40,102
38		12	(a)	Coventry C	W	1-0	Irwin	24,429
39		17	(h)	Chelsea	W	3-0	Hughes, Clarke (og), Cantona	40,139
40		21	(a)	Crystal Palace	W	2-0	Hughes, Ince	30,115
41	May	3	(h)	Blackburn R	W	3-1	Giggs, Ince, Pallister	40,447
42		9	(a)	Wimbledon	W	2-1	Ince, Robson	30,115

FINAL LEAGUE POSITION: 1st in Premier League

Appearances
Sub. Appearances
Goals

62

	Schmeichel	Irwin	Blackmore	Bruce	Ferguson	Pallister	Kanchelskis	Ince	McClair	Hughes	Giggs	Phelan	Dublin	Webb	Wallace	Robson	Parker	Sharpe	Butt	Cantona		
1	1	2	3	4	5	6	7†	8*	9	10	11	12	14									1
2	1	2	3	4	5	6	7	8*	9	10	11†	12	14									2
3	1	2	3†	4	5	6	7*		9	10	11	8	12	14								3
4	1	3		4	5	6		8	9	10	11	2	7									4
5	1	3	14	4	5	6	12	8	9	10*	11	2†	7									5
6	1	3	2	4	5	6	12	8	9	10	11		7*									6
7	1	3	2	4	5	6	7	8	9	10	11											7
8	1	2	3	4	5	6	7	8	9	10	11											8
9	1	2	3	4	5	6	7*	8	9	10	11		12									9
10	1	2	3	4	5	6	7*	8	9	10	11		12									10
11	1	2	7	4	5	6	12	8	9	10†	11	3*		14								11
12	1	3	12	4	5	6	7*	8	9	10	11				2							12
13	1	3	7	4	5*	6	12	8	9	10	11				2							13
14	1		3	4	5	6	7*	8	9	10	11		12		2							14
15	1		3	4	5*	6		8	12	10	11				7	2	9					15
16	1	3*		4		6	8†	9	10	11	12				7	2	5	14				16
17	1	3		4		6		8	9	10	11				7	2	5					17
18	1	3		4		6		8	9	10	11*				7	2	5		12			18
19	1	3		4		6		8	9	10	11					2	5		7			19
20	1	3		4		6	12	8	9	10		5*				2	11		7			20
21	1	3		4		6	12	8	9	10	11†					2	5		7			21
22	1	3		4†		6	12	8	9	10	11*	14				2	5		7			22
23	1	3		4		6	12	8†	9	10	11*	14				2	5		7			23
24	1	3		4		6	7	8	9	10*	11	12				2	5					24
25	1	3		4		6		8	9	10	11					2	5		7			25
26	1	3		4		6	12	8	9	10	11					2	5*		7			26
27	1	3		4		6	12	8	9	10	11*					2	5		7			27
28	1	3		4		6	12	8	9	10	11*					2	5		7			28
29	1	3		4		6		8	9	10	11					2	5		7			29
30	1	3		4		6		8	9	10	11					2	5		7			30
31	1	3		4		6	7	8	9	10	11					2	5					31
32	1	3		4		6	7*	8	9	10	11	12				2	5					32
33	1	3		4		6		8	9	10	11					2	5		7			33
34	1	3		4		6		8	9	10	11					2	5		7			34
35	1	3		4		6		8	9	10*	11				12	2	5		7			35
36	1	3		4		6	10*	8	9		11				12	2	5		7			36
37	1	3		4		6		8	9	10	11				12	2*	5		7			37
38	1	3		4		6		8	9	10	11				12	2	5		7*			38
39	1	3		4		6	14	8	9*	10	11†				12	2	5		7			39
40	1	3		4		6	5*	8	9	10	11				12	2			7			40
41	1	3		4		6	14	8	9†	10	11				12	2	5*		7			41
42	1	3*		4		6		8	9	10	12				7	2	5		11			42
	42	40	12	42	15	42	14	41	41	41	40	5	3		5	31	27		21			
		2					13		1		1	6	4	1	2	9		1	1			
		5		5		1	3	6	9	15	9		1			1	1	1	9			

1993-94

1	Aug	15	(a)	Norwich C	W	2-0	Robson, Giggs	19,705
2		18	(h)	Sheffield U	W	3-0	Keane 2, Hughes	41,949
3		21	(h)	Newcastle U	D	1-1	Giggs	41,829
4		23	(a)	Aston Villa	W	2-1	Sharpe 2	39,624
5		28	(a)	Southampton	W	3-1	Irwin, Sharpe, Cantona	16,189
6	Sep	1	(h)	West Ham U	W	3-0	Bruce, Sharpe, Cantona	44,613
7		11	(a)	Chelsea	L	0-1		37,064
8		19	(h)	Arsenal	W	1-0	Cantona	44,009
9		25	(a)	Swindon T	W	4-2	Cantona, Hughes 2, Kanchelskis	44,583
10	Oct	2	(a)	Sheffield W	W	3-2	Hughes 2, Giggs	34,548
11		16	(h)	Tottenham H	W	2-1	Sharpe, Keane	44,655
12		23	(a)	Everton	W	1-0	Sharpe	35,430
13		30	(h)	Q.P.R.	W	2-1	Cantona, Hughes	44,663
14	Nov	7	(a)	Manchester C	W	3-2	Cantona 2, Keane	35,155
15		20	(h)	Wimbledon	W	3-1	Pallister, Hughes, Kanchelskis	44,748
16		24	(h)	Ipswich T	D	0-0		43,300
17		27	(a)	Coventry C	W	1-0	Cantona	17,020
18	Dec	4	(h)	Norwich C	D	2-2	McClair, Giggs	44,694
19		7	(a)	Sheffield U	W	3-0	Sharpe, Cantona, Hughes	26,746
20		11	(a)	Newcastle U	D	1-1	Ince	36,388
21		19	(h)	Aston Villa	W	3-1	Cantona 2, Ince	44,499
22		26	(h)	Blackburn R	D	1-1	Ince	44,511
23		29	(a)	Oldham Ath	W	5-2	Bruce, Cantona, Kanchelskis, Giggs 2	16,708
24	Jan	1	(a)	Leeds U	D	0-0		44,724
25		4	(a)	Liverpool	D	3-3	Irwin, Bruce, Giggs	42,795
26		15	(a)	Tottenham H	W	1-0	Hughes	31,343
27		22	(h)	Everton	W	1-0	Giggs	44,750
28	Feb	5	(a)	Q.P.R.	W	3-2	Kanchelskis, Cantona, Giggs	21,267
29		26	(a)	West Ham U	D	2-2	Ince, Hughes	28,832
30	Mar	5	(h)	Chelsea	L	0-1		44,745
31		14	(h)	Sheffield W	W	5-0	Cantona 2, Ince, Hughes, Giggs	43,669
32		19	(a)	Swindon T	D	2-2	Keane, Ince	18,102
33		22	(a)	Arsenal	D	2-2	Sharpe 2	36,203
34		30	(h)	Liverpool	W	1-0	Ince	44,751
35	Apr	2	(a)	Blackburn R	L	0-2		20,886
36		4	(h)	Oldham Ath	W	3-2	Ince, Giggs, Dublin	44,686
37		16	(a)	Wimbledon	L	0-1		28,553
38		23	(h)	Manchester C	W	2-0	Cantona 2	44,333
39		27	(a)	Leeds U	W	2-0	Kanchelskis, Giggs	41,125
40	May	1	(a)	Ipswich T	W	2-1	Cantona, Giggs	22,559
41		4	(h)	Southampton	W	2-0	Kanchelskis, Hughes	44,705
42		8	(h)	Coventry City	D	0-0		44,717

FINAL LEAGUE POSITION: 1st in F.A. Premiership

Appearances
Sub. Appearances
Goals

Schmeichel	Parker	Irwin	Bruce	Kanchelskis	Pallister	Robson	Ince	Keane	Hughes	Giggs	McClair	Sharpe	Cantona	Butt	Martin	Phelan	Ferguson	Thornley	Dublin	Walsh	Neville G.	McKee	
1	2	3	4	5	6	7	8	9	10	11													1
1	2	3	4	5	6	7	8	9	10	11	12												2
1	2	3	4	5	6	7	8	9	10	11	14	12											3
1	2	3	4	7	6		8	9	10	11		5											4
1	2	3	4	14	6		8	9	10	11	12	5	7										5
1	2	3	4	10	6	14	8	9		11	12	5	7										6
1	2	3	4		6	10	8	9		11	12	5	7										7
1	2	3	4		6		8	9	10	11	12	5	7										8
1	2	3	4	11	6		8	9	10	14	12	5	7										9
1	2	3	4	12	6		8	9	10	11		5	7										10
1	2	3	4		6	8		9	10	11	12	5	7	14									11
1		3	4		6		8	11	10		9	5	7		2								12
1	2	3	4				8	9	10	11		5	7			6							13
1	2	3	4	11	6		8	9	10	14		5	7										14
1	2	3	4	11	6	9	8		10			5	7			12							15
1	2	3	4	11	6	9	8		10	14		5	7				12						16
1	2	3	4		6		8		10	11		5	7			9							17
1	2	3	4	5	6		8		10	11	9	14	7										18
1	2	3	4		6		8	12	10	11	9	5	7										19
1	2	3	4	12	6		8	14	10	11	9	5	7										20
1	2	3	4	11	6		8	9	10	12		5	7										21
1	2	3	4		6		8	9	10	11	12	5	7				14						22
1	2	3	4	10	6	14	8	9		11	12	5	7										23
1	2	3	4	10	6	5		8		11	9		7										24
1	2	3	4	10	6		8	5		11	9		7										25
1	2	3	4	5	6		8	9	10	11	12		7										26
1	2	3	4	5	6		8	9	10	11			7										27
1	2	3	4	5	6		8	9	10	11			7										28
1	2	3	4	5	6		8	11	10		9		7					12	14				29
1	2	3	4	5	6	12	8	7	10	11	9							14					30
1	2	3	4	5	6	14	8	9	10	11	12		7										31
1	2	3	4		6		8	5	10	11	9		7										32
1	2	3	4		6		8	9	10	11	12	5	7										33
1	2	3	4	11	6	14	8	9	10	12		5	7										34
1	2	3	4	7	6		8	9	10	11	12	5											35
1		3	4	7	6		8	2	10	11	9	5						12					36
1	2	3	4	5	6	7	8		10	11	9	12						14					37
1	2	3	4	11	6		8	9	10	12		5	7										38
1	2	3	4	5	6		8	9	10	11			7										39
1	2	3	4	5	6		8	9	10	11		14	7					12					40
	2	3		4	6		8	9	10	11		5	7										41
	12	3	4		6	10		14			9	5						11	1	2	8		42
40	39	42	41	28	41	10	39	34	36	32	12	26	34	-	1	1	1	-	1	2	1	1	
	1			3		5		3			6	14	4		1	2	1	4	1				
		2	3	6	1	1	8	5	12	13	1	9	18					1					

65

1994-95

1	Aug	20	(h)	QPR	W	2-0	Hughes, McClair	43,214
2		22	(a)	Nottingham F	D	1-1	Kanchelskis	22,072
3		27	(a)	Tottenham H	W	1-0	Bruce	24,502
4		31	(h)	Wimbledon	W	3-0	Cantona, McClair, Giggs	43,440
5	Sep	11	(a)	Leeds U	L	1-2	Cantona (pen)	39,120
6		17	(h)	Liverpool	W	2-0	Kanchelskis, McClair	43,740
7		24	(a)	Ipswich T	L	2-3	Cantona, Scholes	22,553
8	Oct	1	(h)	Everton	W	2-0	Kanchelskis, Sharpe	43,803
9		8	(a)	Sheffield W	L	0-1		32,616
10		15	(h)	West Ham U	W	1-0	Cantona	4,379
11		23	(a)	Blackburn R	W	4-2	Cantona (pen), Kanchelskis 2, Hughes	•30,260
12		29	(h)	Newcastle U	W	2-0	Pallister, Gillespie	43,795
13	Nov	6	(a)	Aston Villa	W	2-1	Ince, Kanchelskis	32,136
14		10	(h)	Manchester C	W	5-0	Cantona, Kanchelskis 3, Hughes	43,738
15		19	(h)	Crystal Palace	W	3-0	Irwin, Cantona, Kanchelskis	43,788
16		26	(a)	Arsenal	D	0-0		38,301
17	Dec	3	(h)	Norwich C	W	1-0	Cantona	43,789
18		10	(a)	QPR	W	3-2	Scholes 2, Keane	18,948
19		17	(h)	Nottingham F	L	1-2	Cantona	43,744
20		26	(a)	Chelsea	W	3-2	Hughes, Cantona (pen), McClair	31,139
21		28	(h)	Leicester C	D	1-1	Kanchelskis	43,789
22		31	(a)	Southampton	D	2-2	Butt, Pallister	15,204
23	Jan	3	(h)	Coventry C	W	2-0	Scholes, Cantona (pen)	43,120
24		15	(a)	Newcastle U	D	1-1	Hughes	34,471
25		22	(h)	Blackburn R	W	1-0	Cantona	43,742
26		25	(a)	Crystal Palace	D	1-1	May	18,224
27	Feb	4	(h)	Aston Villa	W	1-0	Cole	43,795
28		11	(a)	Manchester C	W	3-0	Ince, Kanchelskis, Cole	26,368
29		22	(h)	Norwich C	W	2-0	Ince, Kanchelskis	21,824
30		25	(a)	Everton	L	0-1		40,011
31	Mar	4	(h)	Ipswich T	W	9-0	Keane, Cole 5, Hughes 2, Ince	43,804
32		7	(a)	Wimbledon	W	1-0	Bruce	18,224
33		15	(h)	Tottenham H	D	0-0		43,802
34		19	(a)	Liverpool	L	0-2		38,906
35		22	(h)	Arsenal	W	3-0	Hughes, Sharpe, Kanchelskis	43,623
36	Apr	2	(h)	Leeds U	D	0-0		43,712
37		15	(a)	Leicester C	W	4-0	Sharpe, Cole 2, Ince	21,281
38		17	(h)	Chelsea	D	0-0		43,728
39	May	1	(a)	Coventry C	W	3-2	Scholes, Cole 2	21,858
40		7	(h)	Sheffield W	W	1-0	May	43,868
41		10	(h)	Southampton	W	2-1	Cole, Irwin (pen)	43,479
42		14	(a)	West Ham U	D	1-1	McClair	24,783

FINAL LEAGUE POSITION : 2nd in F.A. Carling Premiership

Appearances
Sub. Appearances
Goals

Schmeichel	May	Irwin	Bruce	Sharpe	Pallister	Kanchelskis	Ince	McClair	Hughes	Giggs	Parker	Keane	Cantona	Walsh	Scholes	Butt	Gillespie	Davies	Pilkington	Neville G	Cole	Neville P	Beckham	
1	2*	3	4	5†	6	7	8	9	10	11	12	14												1
1	2	3	4	5	6	7	8	9	10	11*		12												2
1	2	3	4	5	6	7	8	9	10	11														3
1	2	3	4	5	6	8		9	10	11		7												4
1	2	3	4	12	6	5	8	9†	10	11*		7		14										5
1	2	3	4	5	6	7	8	12	10*	11		9												6
	2	4	3*	6	7	8	9†		11		5	10	1	12	14									7
1	2	3	4	5	6	11	8	12	10*			9	7											8
1	12	3	4	5	6		8	9	10		2*	7		14		11†								9
1	2*	3	4	5	6	7	8		10	11		9			12									10
1		3	4	5	6	7	8	12	10			2	9		11*									11
1		3	4		6	5	8	9	10	11*		2	7			12								12
		3	4		6	5	8	12		11		2	9	1	7†	10*	14							13
1		3	4		6	5	8	9	10	11*		2	7		12									14
1°	4	3		6	5*	8	9	10				7		14		12	11†	15	2					15
	4	3		6	5*	8	9	10				7	1		12	11†	14		2					16
	4	3		6	5†	8	9	10				7	1		14	12	11*		2					17
		3	4		6	7	8	9			5		1	10	14	12	11†		2*					18
		3	4		6	5†	8	9	10	11*	2	7	1		12				14					19
		3	4		6	12	8†	9	10	11		2	7	1	5*				14					20
		3	4		6	5		9	10*	11	8	7	1	12					2					21
	2		4		6		9*	10	11		5	7	1		8	12			3					22
		3	4		6		12		11		8*	7	1	9	10	5			2					23
1	12	3	4	5	6		9	10†	11		2	7		14	8*									24
1		3	4	5*	6	12	8	9		11	2	7							10					25
1	4	3		5*	6	12	8	9		11	2	7							10					26
1	12	3	4	5	6	14	8	9		11†			7						2*	10				27
1	12	3	4	5	6	7*	8	9		11			14						10	2†				28
		4	3	6	5	8	9	10	11		2								7					29
1		2	4	3	6	12	8	9*	10	11		5							7					30
1		3	4†	12	6	5	8	9	10	11		2*		14					7					31
1		3	4	5	6		8	9	10	11									2	7				32
1		2	4	3	6	5	8	9*	10	11		5			12					7				33
1		2	4	3*	6	7	8	9	10	11		5†		14					12					34
1		3	4	5	6	7	8		10	11	2								9					35
1		3		6		8	9	10	11	5									2	7	4			36
1		3	4	5†	6		8	9	10*			12	11						2	7	14			37
1		3	4		6		8	9	10			12	11		14*				2	7	5†			38
1	4	3		5	6		9	10				11*	7						2	8		12		39
1	4†	3		5	6		8	9	10			11*	12						2	7	14			40
1		3	4	5	6		8	9	10*			12	11						2	7				41
1		3	4	5	6		8	9	12			10†	14	11*					2	7				42
32	15	40	35	26	42	25	36	35	33	29	1	23	21	10	6	11	3	3	16	17	1	2		
	4			2		5		5	1		1	2		11	11	6	2	1	2	1	1	2		
	2	2	2	3	2	14	5	5	8	1		2	12		5	1			12					

67

1970-71 SEASON
FIRST DIVISION
Arsenal	42	29	7	6	71	29	65
Leeds United	42	27	10	5	72	30	64
Tottenham Hotspur	42	19	14	9	54	33	52
Wolves	42	22	8	12	64	54	52
Liverpool	42	17	17	8	42	24	51
Chelsea	42	18	15	9	52	42	51
Southampton	42	17	12	13	56	44	46
Manchester United	**42**	**16**	**11**	**15**	**65**	**66**	**43**
Derby County	42	16	10	16	56	54	42
Coventry City	42	16	10	16	37	38	42
Manchester City	42	12	17	13	47	42	41
Newcastle United	42	14	13	15	44	46	41
Stoke City	42	12	13	17	44	48	37
Everton	42	12	13	17	54	60	37
Huddersfield Town	42	11	14	17	40	49	36
Nottingham Forest	42	14	8	20	42	61	36
West Brom. Albion	42	10	15	17	58	75	35
Crystal Palace	42	12	11	19	39	57	35
Ipswich Town	42	12	10	20	42	48	34
West Ham United	42	10	14	18	47	60	34
Burnley	42	7	13	22	29	63	27
Blackpool	42	4	15	23	34	66	23

1971-72 SEASON
FIRST DIVISION
Derby County	42	24	10	8	69	33	58
Leeds United	42	24	9	9	73	31	57
Liverpool	42	24	9	9	64	30	57
Manchester City	42	23	11	8	77	45	57
Arsenal	42	22	8	12	58	40	52
Tottenham Hotspur	42	19	13	10	63	42	51
Chelsea	42	18	12	12	58	49	48
Manchester United	**42**	**19**	**10**	**13**	**69**	**61**	**48**
Wolves	42	18	11	13	65	57	47
Sheffield United	42	17	12	13	61	60	46
Newcastle United	42	15	11	16	49	52	41
Leicester City	42	13	13	16	41	46	39
Ipswich Town	42	11	16	15	39	53	38
West Ham United	42	12	12	18	47	51*	36
Everton	42	9	18	15	37	48	36
West Brom. Albion	42	12	11	19	42	54	35
Stoke City	42	10	15	17	39	56	35
Coventry City	42	9	15	18	44	67	33
Southampton	42	12	7	23	52	80	31
Crystal Palace	42	8	13	21	39	65	29
Nottingham Forest	42	8	9	25	47	81	25
Huddersfield Town	42	6	13	23	27	59	25

1972-73 SEASON
FIRST DIVISION
Liverpool	42	25	10	6	72	42	60
Arsenal	42	23	11	8	57	43	57
Leeds United	42	21	11	10	71	45	53
Ipswich Town	42	17	14	11	55	45	48
Wolves	42	18	11	13	66	54	47
West Ham United	42	17	12	13	67	53	46
Derby County	42	19	8	15	56	54	46
Tottenham Hotspur	42	16	13	13	58	48	45
Newcastle United	42	16	13	13	60	51	45
Birmingham City	42	15	12	15	53	54	42
Manchester City	42	15	11	16	57	60	41
Chelsea	42	13	14	15	49	51	40
Southampton	42	11	18	13	47	52	40
Sheffield United	42	15	10	17	51	59	40
Stoke City	42	14	10	18	61	56	38
Leicester City	42	10	17	15	40	46	37
Everton	42	13	11	18	41	49	37
Manchester United	**42**	**12**	**13**	**17**	**44**	**60**	**37**
Coventry City	42	13	9	20	40	55	35
Norwich City	42	11	10	21	36	63	32
Crystal Palace	42	9	12	21	41	58	30
West Brom. Albion	42	9	10	23	38	62	28

1973-74 SEASON
FIRST DIVISION
Leeds United	42	24	14	4	66	31	62
Liverpool	42	22	13	7	52	31	57
Derby County	42	17	14	11	52	42	48
Ipswich Town	42	18	11	13	67	58	47
Stoke City	42	15	16	11	54	42	46
Burnley	42	16	14	12	56	53	46
Everton	42	16	12	14	50	48	44
Q.P.R.	42	13	17	12	56	52	43
Leicester City	42	13	16	13	51	41	42
Arsenal	42	14	14	14	49	51	42
Tottenham Hotspur	42	14	14	14	45	50	42
Wolves	42	13	15	14	49	49	41
Sheffield United	42	14	12	16	44	49	40
Manchester City	42	14	12	16	39	46	40
Newcastle United	42	13	12	17	49	48	38
Coventry City	42	14	10	18	43	54	38
Chelsea	42	12	13	17	56	60	37
West Ham United	42	11	15	16	55	60	37
Birmingham City	42	12	13	17	52	64	37
Southampton *	42	11	14	17	47	68	36
Manchester United *	**42**	**10**	**12**	**20**	**38**	**48**	**32**
Norwich City *	42	7	15	20	37	62	29

* Three clubs relegated

1974-75 SEASON
SECOND DIVISION
Manchester United	**42**	**26**	**9**	**7**	**66**	**30**	**61**
Aston Villa	42	25	8	9	69	32	58
Norwich City	42	20	13	9	58	37	53
Sunderland	42	19	13	10	65	35	51
Bristol City	42	21	8	13	47	33	50
West Brom. Albion	42	18	9	15	54	42	45
Blackpool	42	14	17	11	38	33	45
Hull City	42	15	14	13	40	53	44
Fulham	42	13	16	13	44	39	42
Bolton	42	15	12	15	45	41	42
Oxford United	42	15	12	15	41	51	42
Orient	42	11	20	11	28	39	42
Southampton	42	15	11	16	53	54	41
Notts County	42	12	16	14	49 ·59	40
York City	42	14	10	18	51	55	38
Nottingham Forest	42	12	14	16	43	55	38
Portsmouth	42	12	13	17	44	54	37
Oldham Athletic	42	10	15	17	40	48	35
Bristol Rovers	42	12	11	19	42	64	35
Millwall	42	10	12	20	44	56	32
Cardiff City	42	9	14	19	36	62	32
Sheffield Wednesday	42	5	11	26	29	64	21

1975-76 SEASON

FIRST DIVISION

Liverpool	42	23	14	5	66	31	60
Q.P.R.	42	24	11	7	67	33	59
Manchester United	**42**	**23**	**10**	**10**	**68**	**42**	**56**
Derby County	42	21	11	10	75	58	53
Leeds United	42	21	9	12	65	46	51
Ipswich Town	42	16	14	12	54	48	46
Leicester City	42	13	19	10	48	51	45
Manchester City	42	16	12	14	64	46	43
Tottenham Hotspur	42	14	15	13	63	63	43
Norwich City	42	16	10	16	58	58	42
Everton	42	15	12	15	60	66	42
Stoke City	42	15	11	16	48	50	41
Middlesbrough	42	15	10	17	46	45	40
Coventry City	42	13	14	15	47	57	40
Newcastle United	42	15	9	18	71	62	39
Aston Villa	42	11	17	14	51	59	39
Arsenal	42	13	10	19	47	53	36
West Ham United	42	13	10	19	48	71	36
Birmingham City	42	13	7	22	57	75	33
Wolves	42	10	10	22	51	68	30
Burnley	42	9	10	23	43	66	28
Sheffield United	42	6	10	26	33	82	22

1976-77 SEASON

FIRST DIVISION

Liverpool	42	23	11	8	62	33	57
Manchester City	42	21	14	7	60	34	56
Ipswich Town	42	22	8	12	66	39	52
Aston Villa	42	22	7	13	76	50	51
Newcastle United	42	18	13	11	64	49	49
Manchester United	**42**	**18**	**11**	**13**	**71**	**62**	**47**
West Brom. Albion	42	16	13	13	62	56	45
Arsenal	42	16	11	15	64	59	43
Everton	42	14	14	14	62	64	42
Leeds United	42	15	12	15	48	51	42
Leicester City	42	12	18	12	47	60	42
Middlesbrough	42	14	13	15	40	45	41
Birmingham City	42	13	12	17	63	61	38
Q.P.R.	42	13	12	17	47	52	38
Derby County	42	9	19	14	50	55	37
Norwich City	42	14	9	19	47	64	37
West Ham United	42	11	14	17	46	65	36
Bristol City	42	11	13	18	38	48	35
Coventry City	42	10	15	17	48	59	35
Sunderland	42	11	12	19	46	54	34
Stoke City	42	10	14	18	28	51	34
Tottenham Hotspur	42	12	9	21	48	72	33

1977-78 SEASON

FIRST DIVISION

Nottingham Forest	42	25	14	3	69	24	64
Liverpool	42	24	9	9	65	34	57
Everton	42	22	11	9	76	45	55
Manchester City	42	20	12	10	74	51	52
Arsenal	42	21	10	11	60	37	52
West Brom. Albion	42	18	14	10	62	53	50
Coventry City	42	18	12	12	75	62	48
Aston Villa	42	18	10	14	57	42	46
Leeds United	42	18	10	14	63	53	46
Manchester United	**42**	**16**	**10**	**16**	**67**	**63**	**42**
Birmingham City	42	16	9	17	55	60	41
Derby County	42	14	13	15	54	59	41
Norwich City	42	11	18	13	52	66	40
Middlesbrough	42	12	15	15	42	54	39
Wolves	42	12	12	18	51	64	36
Chelsea	42	11	14	17	46	69	36
Bristol City	42	11	13	18	49	53	35
Ipswich Town	42	11	13	18	47	61	35
Q.P.R.	42	9	15	18	47	64	33
West Ham United	42	12	8	22	52	69	32
Newcastle United	42	6	10	26	42	78	22
Leicester City	42	5	12	25	26	70	22

1978-79 SEASON

FIRST DIVISION

Liverpool	42	30	8	4	85	16	68
Nottingham Forest	42	21	18	3	61	26	60
West Brom. Albion	42	24	11	7	72	35	59
Everton	42	17	17	8	52	40	51
Leeds United	42	18	14	10	70	52	50
Ipswich Town	42	20	9	13	63	49	49
Arsenal	42	17	14	11	61	48	48
Aston Villa	42	15	16	11	59	49	46
Manchester United	**42**	**15**	**15**	**12**	**60**	**63**	**45**
Coventry City	42	14	16	12	58	68	44
Tottenham Hotspur	42	13	15	14	48	61	41
Middlesbrough	42	15	10	17	57	50	40
Bristol City	42	15	10	17	47	51	40
Southampton	42	12	16	14	47	53	40
Manchester City	42	13	13	16	58	56	39
Norwich City	42	7	23	12	51	57	37
Bolton Wanderers	42	12	11	19	54	75	35
Wolves	42	13	8	21	44	68	34
Derby County	42	10	11	21	44	71	31
Q.P.R.	42	6	13	23	45	73	25
Birmingham City	42	6	10	26	37	64	22
Chelsea	42	5	10	27	44	92	20

1979-80 SEASON

FIRST DIVISION

Liverpool	42	25	10	7	81	30	60
Manchester United	**42**	**24**	**10**	**8**	**65**	**35**	**58**
Ipswich Town	42	22	9	11	68	39	53
Arsenal	42	18	16	8	52	36	52
Nottingham Forest	42	20	8	14	63	43	48
Wolves	42	19	9	14	58	47	47
Aston Villa	42	16	14	12	51	50	46
Southampton	42	18	9	15	65	53	45
Middlesbrough	42	16	12	14	50	44	44
West Brom. Albion	42	11	19	12	54	50	41
Leeds United	42	13	14	15	46	50	40
Norwich City	42	13	14	15	58	66	40
Crystal Palace	42	12	16	14	41	50	40
Tottenham Hotspur	42	15	10	17	52	62	40
Coventry City	42	16	7	19	56	66	39
Brighton & Hove Alb.	42	11	15	16	47	57	37
Manchester City	42	12	13	17	43	66	37
Stoke City	42	13	10	19	44	58	36
Everton	42	9	17	16	43	51	35
Bristol City	42	9	13	20	37	66	31
Derby County	42	11	8	23	47	67	30
Bolton Wanderers	42	5	15	22	38	73	25

1980-81 SEASON
FIRST DIVISION
Aston Villa	42	26	8	8	72	40	60
Ipswich Town	42	23	10	9	77	43	56
Arsenal	42	19	15	8	61	45	53
West Brom. Albion	42	20	12	10	60	42	52
Liverpool	42	17	17	8	62	46	51
Southampton	42	20	10	12	76	56	50
Nottingham Forest	42	19	12	11	62	45	50
Manchester United	**42**	**15**	**18**	**9**	**51**	**36**	**48**
Leeds United	42	17	10	15	39	47	44
Tottenham Hotspur	42	14	15	13	70	68	43
Stoke City	42	12	18	12	51	60	42
Manchester City	42	14	11	17	56	59	39
Birmingham City	42	13	12	17	50	61	38
Middlesbrough	42	16	5	21	53	61	37
Everton	42	13	10	19	55	58	36
Coventry City	42	13	10	19	48	68	36
Sunderland	42	14	7	21	58	53	35
Wolves	42	13	9	20	47	55	35
Brighton & Hove Alb.	42	14	7	21	54	67	35
Norwich City	42	13	7	22	49	73	33
Leicester City	42	13	6	23	40	67	32
Crystal Palace	42	6	7	29	47	83	19

1981-82 SEASON
FIRST DIVISION
Liverpool	42	26	9	7	80	32	87
Ipswich Town	42	26	5	11	75	53	83
Manchester United	**42**	**22**	**12**	**8**	**59**	**29**	**78**
Tottenham Hotspur	42	20	11	11	67	48	71
Arsenal	42	20	11	11	48	37	71
Swansea City	42	21	6	15	58	51	69
Southampton	42	19	9	14	72	67	66
Everton	42	17	13	12	56	50	64
West Ham United	42	14	16	12	66	57	58
Manchester City	42	15	13	14	49	50	58
Aston Villa	42	15	12	15	55	53	57
Nottingham Forest	42	15	12	15	42	48	57
Brighton & Hove Alb.	42	13	13	16	43	52	52
Coventry City	42	13	11	18	56	62	50
Notts County	42	13	8	21	45	69	47
Birmingham City	42	10	14	18	53	61	44
West Brom. Albion	42	11	11	20	46	57	44
Stoke City	42	12	8	22	44	63	44
Sunderland	42	11	11	20	38	58	44
Leeds United	42	10	12	20	39	61	42
Wolves	42	10	10	22	32	63	40
Middlesbrough	42	8	15	19	34	52	39

1982-83 SEASON
FIRST DIVISION
Liverpool	42	24	10	8	87	37	82
Watford	42	22	5	15	74	57	71
Manchester United	**42**	**19**	**13**	**8**	**56**	**38**	**70**
Tottenham Hotspur	42	20	9	13	65	50	69
Nottingham Forest	42	20	9	13	62	50	69
Aston Villa	42	21	5	16	62	50	68
Everton	42	18	10	14	66	48	64
West Ham United	42	20	4	18	68	62	64
Ipswich Town	42	15	13	14	64	50	58
Arsenal	42	16	10	16	58	56	58
West Brom. Albion	42	15	12	15	51	49	57
Southampton	42	15	12	15	54	58	57
Stoke City	42	16	9	17	53	64	57
Norwich City	42	14	12	16	52	58	54
Notts County	42	15	7	21	55	71	52
Sunderland	42	12	14	16	48	61	50
Birmingham City	42	12	15	16	40	55	50
Luton Town	42	12	13	17	65	84	49
Coventry City	42	13	9	20	48	59	48
Manchester City	42	13	8	21	47	70	47
Swansea City	42	10	11	21	51	69	41
Brighton & Hove Alb.	42	9	13	20	38	67	40

1983-84 SEASON
FIRST DIVISION
Liverpool	42	22	14	6	73	32	80
Southampton	42	22	11	9	66	38	77
Nottingham Forest	42	22	8	12	76	45	74
Manchester United	**42**	**20**	**14**	**8**	**71**	**41**	**74**
Q.P.R.	42	22	7	13	67	37	73
Arsenal	42	19	9	15	74	60	63
Everton	42	16	14	12	44	42	62
Tottenham Hotspur	42	17	10	15	64	65	61
West Ham United	42	17	9	16	60	55	60
Aston Villa	42	17	9	16	59	61	60
Watford	42	16	9	17	68	77	57
Ipswich Town	42	15	8	19	55	57	53
Sunderland	42	13	13	16	42	53	52
Norwich City	42	12	15	15	48	49	51
Leicester City	42	13	12	17	65	68	51
Luton Town	42	14	9	19	53	66	51
West Brom. Albion	42	14	9	19	48	62	51
Stoke City	42	13	11	18	44	63	50
Coventry City	42	13	11	18	57	77	50
Birmingham City	42	12	12	18	39	50	48
Notts County	42	10	11	21	50	72	41
Wolves	42	6	11	25	27	80	29

1984-85 SEASON
FIRST DIVISION
Everton	42	28	6	8	88	43	90
Liverpool	42	22	11	9	78	35	77
Tottenham Hotspur	42	23	8	11	78	51	77
Manchester United	**42**	**22**	**10**	**10**	**77**	**47**	**76**
Southampton	42	19	11	12	56	47	68
Chelsea	42	18	12	12	63	48	66
Arsenal	42	19	9	14	61	49	66
Sheffield Wednesday	42	17	14	11	58	45	65
Nottingham Forest	42	19	7	16	56	48	64
Aston Villa	42	15	11	16	60	60	56
Watford	42	14	13	15	81	71	55
West Brom	42	16	7	19	58	62	55
Luton Town	42	15	9	18	57	61	54
Newcastle United	42	13	13	16	55	70	52
Leicester City	42	15	6	21	65	73	51
West Ham United	42	13	12	17	51	68	51
Ipswich Town	42	13	11	18	46	57	50
Coventry City	42	15	5	22	47	64	50
QPR	42	13	11	18	53	72	50
Norwich City	42	13	10	19	46	64	49
Sunderland	42	10	10	22	40	62	40
Stoke City	42	3	8	31	24	91	17

1985-86 SEASON

FIRST DIVISION

Liverpool	42	26	10	6	89	37	88
Everton	42	26	8	8	87	41	86
West Ham United	42	26	6	10	74	40	84
Manchester United	**42**	**22**	**10**	**10**	**70**	**36**	**76**
Sheffield Wednesday	42	21	10	11	63	54	73
Chelsea	42	20	11	11	57	56	71
Arsenal	42	20	9	13	49	47	69
Nottingham Forest	42	19	11	12	69	53	68
Luton Town	42	18	12	12	61	44	66
Tottenham Hotspur	42	19	8	15	74	52	65
Newcastle United	42	17	12	13	67	72	63
Watford	42	16	11	15	69	62	59
QPR	42	15	7	20	53	64	52
Southampton	42	12	10	20	51	62	46
Manchester City	42	11	12	19	43	57	45
Aston Villa	42	10	14	18	51	67	44
Coventry City	42	11	10	21	48	71	43
Oxford United	42	10	12	20	62	80	42
Leicester City	42	10	12	20	54	76	42
Ipswich Town	42	11	8	23	32	55	41
Birmingham City	42	8	5	29	30	73	29
West Brom	42	4	12	26	35	89	24

1986-87 SEASON

FIRST DIVISION

Everton	42	26	8	8	76	31	86
Liverpool	42	23	8	11	72	42	77
Tottenham Hotspur	42	21	8	13	68	43	71
Arsenal	42	20	10	12	58	35	70
Norwich City	42	17	17	8	53	51	68
Wimbledon	42	19	9	14	57	50	66
Luton Town	42	18	12	12	47	45	66
Nottingham Forest	42	18	11	13	64	51	65
Watford	42	18	9	15	67	54	63
Coventry City	42	17	12	13	50	45	63
Manchester United	**42**	**14**	**14**	**14**	**52**	**45**	**56**
Southampton	42	14	10	18	69	68	52
Sheffield Wednesday	42	13	13	16	58	59	52
Chelsea	42	13	13	16	53	64	52
West Ham United	42	14	10	18	52	67	52
QPR	42	13	11	18	48	64	50
Newcastle United	42	12	11	19	47	65	47
Oxford United	42	11	13	18	44	69	46
Charlton Athletic	42	11	11	20	45	55	44
Leicester City	42	11	9	22	54	76	42
Manchester City	42	8	15	19	36	57	39
Aston Villa	42	8	12	22	45	79	36

1987-88 SEASON

FIRST DIVISION

Liverpool	40	26	12	2	87	24	90
Manchester United	**40**	**23**	**12**	**5**	**71**	**38**	**81**
Nottingham Forest	40	20	13	7	67	39	73
Everton	40	19	13	8	53	27	70
QPR	40	19	10	11	48	38	67
Arsenal	40	18	12	10	58	39	66
Wimbledon	40	14	15	11	58	47	57
Newcastle United	40	14	14	12	55	53	56
Luton Town	40	14	11	15	57	58	53
Coventry City	40	13	14	13	46	53	53
Sheffield Wednesday	40	15	8	17	52	66	53
Southampton	40	12	14	14	49	53	50
Tottenham Hotspur	40	12	11	17	38	48	47
Norwich City	40	12	9	19	40	52	45
Derby County	40	10	13	17	35	45	43
West Ham United	40	9	15	16	40	52	42
Charlton Athletic	40	9	15	16	38	52	42
Chelsea	40	9	15	16	50	68	42
Portsmouth	40	7	14	19	36	66	35
Watford	40	7	11	22	27	51	32
Oxford United	40	6	13	21	44	80	31

1988-89 SEASON

FIRST DIVISION

Arsenal	38	22	10	6	73	36	76
Liverpool	38	22	10	6	65	28	76
Nottingham Forest	38	17	13	8	64	43	64
Norwich City	38	17	11	10	48	45	62
Derby County	38	17	7	14	40	38	58
Tottenham Hotspur	38	15	12	11	60	46	57
Coventry City	38	14	13	11	47	42	55
Everton	38	14	12	12	50	45	54
QPR	38	14	11	13	43	37	53
Millwall	38	14	11	13	47	52	53
Manchester United	**38**	**13**	**12**	**13**	**45**	**35**	**51**
Wimbledon	38	14	9	15	50	46	51
Southampton	38	10	15	13	52	66	45
Charlton Athletic	38	10	12	16	44	58	42
Sheffield Wednesday	38	10	12	16	34	51	42
Luton Town	38	10	11	17	42	52	41
Aston Villa	38	9	13	16	45	56	40
Middlesbrough	38	9	12	17	44	61	39
West Ham United	38	10	8	20	37	62	38
Newcastle United	38	7	10	21	32	63	31

1989-90 SEASON

FIRST DIVISION

Liverpool	38	23	10	5	78	37	79
Aston Villa	38	21	7	10	57	38	70
Tottenham Hotspur	38	19	6	13	59	47	63
Arsenal	38	18	8	12	54	38	62
Chelsea	38	16	12	10	58	50	60
Everton	38	17	8	13	51	33	59
Southampton	38	15	10	13	71	63	55
Wimbledon	38	13	16	9	47	40	55
Nottingham Forest	38	15	9	14	55	47	54
Norwich City	38	13	14	11	44	42	53
QPR	38	13	11	14	45	44	50
Coventry City	38	14	7	17	39	59	49
Manchester United	**38**	**13**	**9**	**16**	**46**	**47**	**48**
Manchester City	38	12	12	14	43	52	48
Crystal Palace	38	13	9	16	42	66	48
Derby County	38	13	7	18	43	40	46
Luton Town	38	10	13	15	43	57	43
Sheffield Wednesday	38	11	10	17	35	51	43
Charlton Athletic	38	7	9	22	31	57	30
Millwall	38	5	11	22	39	65	26

1990-91 SEASON
FIRST DIVISION
Arsenal	38	24	13	1	74	18	83
Liverpool	38	23	7	8	77	40	76
Crystal Palace	38	20	9	9	50	41	69
Leeds United	38	19	7	12	65	47	64
Manchester City	38	17	11	10	64	53	62
Manchester United	**38**	**16**	**12**	**10**	**58**	**45**	**59**
Wimbledon	38	14	14	10	53	46	56
Nottingham Forest	38	14	12	12	65	50	54
Everton	38	13	12	13	50	46	51
Tottenham	38	11	16	11	51	50	49
Chelsea	38	13	10	15	58	69	49
QPR	38	12	10	16	44	53	46
Sheffield United	38	13	7	18	36	55	46
Southampton	38	12	9	17	58	69	45
Norwich City	38	13	6	19	41	64	45
Coventry City	38	11	11	16	42	49	44
Aston Villa	38	9	14	15	46	58	41
Luton Town	38	10	7	21	42	61	37
Sunderland	38	8	10	20	38	60	34
Derby County	38	5	9	24	37	75	24

Arsenal 2 points deducted
Manchester United 1 point deducted

1991-92 SEASON
FIRST DIVISION
Leeds United	42	22	16	4	74	37	82
Manchester United	**42**	**21**	**15**	**6**	**63**	**33**	**78**
Sheffield Wednesday	42	21	12	9	62	49	75
Arsenal	42	19	15	8	81	46	72
Manchester City	42	20	10	12	61	48	70
Liverpool	42	16	16	10	47	40	64
Aston Villa	42	17	9	16	48	44	60
Nottingham Forest	42	16	11	15	60	58	59
Sheffield United	42	16	9	17	65	63	57
Crystal Palace	42	14	15	13	53	61	57
QPR	42	12	18	12	48	47	54
Everton	42	13	14	15	52	51	53
Wimbledon	42	13	14	15	53	53	53
Chelsea	42	13	14	15	50	60	53
Tottenham	42	15	7	20	58	63	52
Southampton	42	14	10	18	39	55	52
Oldham Athletic	42	14	9	19	63	67	51
Norwich City	42	11	12	19	47	63	45
Coventry City	42	11	11	20	35	44	44
Luton Town	42	10	12	20	38	71	42
Notts County	42	10	10	22	40	62	40
West Ham United	42	9	11	22	37	59	38

1992-93 SEASON
PREMIER DIVISION
Manchester United	**42**	**24**	**12**	**6**	**67**	**31**	**84**
Aston Villa	42	21	11	10	57	40	74
Norwich City	42	21	9	12	61	65	72
Blackburn Rovers	42	20	11	11	68	46	71
QPR	42	17	12	13	63	55	63
Liverpool	42	16	11	15	62	55	59
Sheffield Wednesday	42	15	14	13	55	51	59
Tottenham	42	16	11	15	60	66	59
Manchester City	42	15	12	15	56	51	57
Arsenal	42	15	11	16	40	38	56
Chelsea	42	14	14	14	51	54	56
Wimbledon	42	14	12	16	56	55	54
Everton	42	15	8	19	53	55	53
Sheffield United	42	14	10	18	54	53	52
Coventry City	42	13	13	16	52	57	52
Ipswich Town	42	12	16	14	50	55	52
Leeds United	42	12	15	15	57	62	51
Southampton	42	13	11	18	54	61	50
Oldham Athletic	42	13	10	19	63	74	49
Crystal Palace	42	11	16	15	48	61	49
Middlesbrough	42	11	11	20	54	75	44
Nottingham Forest	42	10	10	22	41	62	40

1993-94 SEASON
F.A. PREMIERSHIP
Manchester United	**42**	**27**	**11**	**4**	**80**	**38**	**92**
Blackburn Rovers	42	25	9	8	63	36	84
Newcastle United	42	23	8	11	82	41	77
Arsenal	42	18	17	7	53	28	71
Leeds United	42	18	16	8	65	39	70
Wimbledon	42	18	11	13	56	53	65
Sheffield Wednesday	42	16	16	10	76	54	64
Liverpool	42	17	9	16	59	55	60
QPR	42	16	12	14	62	64	60
Aston Villa	42	15	12	15	46	50	57
Coventry City	42	14	14	14	43	45	56
Norwich City	42	12	17	13	65	61	53
West Ham United	42	13	13	16	47	58	52
Chelsea	42	13	12	17	49	53	51
Tottenham Hotspur	42	11	12	19	54	59	45
Manchester City	42	9	18	15	38	49	45
Everton	42	12	8	22	42	63	44
Southampton	42	12	7	23	49	66	43
Ipswich Town	42	9	16	17	35	58	43
Sheffield United	42	8	18	16	42	60	42
Oldham Athletic	42	9	13	20	42	68	40
Swindon Town	42	5	15	22	47	100	30

1994-95 SEASON
F.A. PREMIERSHIP
Blackburn Rovers	42	27	8	7	80	39	89
Manchester United	**42**	**26**	**10**	**6**	**77**	**28**	**88**
Nottingham Forest	42	22	11	9	72	43	77
Liverpool	42	21	11	10	65	37	74
Leeds United	42	20	13	9	59	38	63
Newcastle United	42	20	12	10	67	47	72
Tottenham Hotspur	42	16	14	12	66	58	62
QPR	42	17	9	16	61	59	60
Wimbledon	42	15	11	16	48	65	56
Southampton	42	12	18	12	61	63	54
Chelsea	42	13	15	14	50	55	54
Arsenal	42	13	12	17	52	49	51
Sheffield Wednesday	42	13	12	17	49	57	51
West Ham United	42	13	11	18	44	48	50
Everton	42	11	17	14	44	51	50
Coventry City	42	12	14	16	44	62	50
Manchester City	42	12	13	17	53	64	49
Aston Villa	42	11	15	16	51	56	48
Crystal Palace	42	11	12	19	34	49	45
Norwich City	42	10	13	19	37	54	43
Leicester City	42	6	11	25	45	80	29
Ipswich Town	42	7	6	29	36	93	27